T0207792

essentials

essentials liefern aktuelles Wissen in konzentrierter Form. Die Essenz dessen, worauf es als „State-of-the-Art" in der gegenwärtigen Fachdiskussion oder in der Praxis ankommt. *essentials* informieren schnell, unkompliziert und verständlich

- als Einführung in ein aktuelles Thema aus Ihrem Fachgebiet
- als Einstieg in ein für Sie noch unbekanntes Themenfeld
- als Einblick, um zum Thema mitreden zu können

Die Bücher in elektronischer und gedruckter Form bringen das Expertenwissen von Springer-Fachautoren kompakt zur Darstellung. Sie sind besonders für die Nutzung als eBook auf Tablet-PCs, eBook-Readern und Smartphones geeignet. *essentials:* Wissensbausteine aus den Wirtschafts-, Sozial- und Geisteswissenschaften, aus Technik und Naturwissenschaften sowie aus Medizin, Psychologie und Gesundheitsberufen. Von renommierten Autoren aller Springer-Verlagsmarken.

Weitere Bände in der Reihe http://www.springer.com/series/13088

Rainer Gläß

Künstliche Intelligenz im Handel 2 – Anwendungen

Effizienz erhöhen und Kunden gewinnen

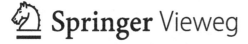 Springer Vieweg

Rainer Gläß
Schöneck, Deutschland

ISSN 2197-6708   ISSN 2197-6716   (electronic)
essentials
ISBN 978-3-658-23925-1   ISBN 978-3-658-23926-8   (eBook)
https://doi.org/10.1007/978-3-658-23926-8

Die Deutsche Nationalbibliothek verzeichnet diese Publikation in der Deutschen Nationalbiblio-grafie; detaillierte bibliografische Daten sind im Internet über http://dnb.d-nb.de abrufbar.

Springer Vieweg
© Springer Fachmedien Wiesbaden GmbH, ein Teil von Springer Nature 2018
Das Werk einschließlich aller seiner Teile ist urheberrechtlich geschützt. Jede Verwertung, die nicht ausdrücklich vom Urheberrechtsgesetz zugelassen ist, bedarf der vorherigen Zustimmung des Verlags. Das gilt insbesondere für Vervielfältigungen, Bearbeitungen, Übersetzungen, Mikroverfilmungen und die Einspeicherung und Verarbeitung in elektronischen Systemen.
Die Wiedergabe von Gebrauchsnamen, Handelsnamen, Warenbezeichnungen usw. in diesem Werk berechtigt auch ohne besondere Kennzeichnung nicht zu der Annahme, dass solche Namen im Sinne der Warenzeichen- und Markenschutz-Gesetzgebung als frei zu betrachten wären und daher von jedermann benutzt werden dürften.
Der Verlag, die Autoren und die Herausgeber gehen davon aus, dass die Angaben und Informationen in diesem Werk zum Zeitpunkt der Veröffentlichung vollständig und korrekt sind. Weder der Verlag noch die Autoren oder die Herausgeber übernehmen, ausdrücklich oder implizit, Gewähr für den Inhalt des Werkes, etwaige Fehler oder Äußerungen. Der Verlag bleibt im Hinblick auf geografische Zuordnungen und Gebietsbezeichnungen in veröffentlichten Karten und Institutionsadressen neutral.

Springer Vieweg ist ein Imprint der eingetragenen Gesellschaft Springer Fachmedien Wiesbaden GmbH und ist ein Teil von Springer Nature
Die Anschrift der Gesellschaft ist: Abraham-Lincoln-Str. 46, 65189 Wiesbaden, Germany

Was Sie in diesem *essential* finden können

- Mehrwerte durch KI im Handel: Bedarfsplanung, Vorhersagen von Nachfrage, Automatisierungspotenzial in der Logistik, dynamische Preisanpassung und Chatbots in der Kundenkommunikation.
- Vielfalt der Optimierungsmöglichkeiten für den Warenflussprozess zur Reduktion der Umsatzausfälle aufgrund von Fehlbeständen oder Senkung Lagerbestand.
- Beispiele wie markführende Handelsunternehmen KI bereits einsetzen, indem zukünftige Bestellungen von Waren mit KI errechnet und vorab in die Nähe des Kunden gesandt werden, um Versandzeiten und Logistikkosten zu reduzieren und die Kundenzufriedenheit zu steigern.
- Kundenbeispiele von vollautomatisierten Stores (Just-Walkout-Store), Shelf-Scanning Robots, Lagerleerung bzw. Markdown Pricing bei Terminwaren.
- Digitale Transformation und Einsatz von KI bei einem marktführenden Traditionshandelsunternehmen in Deutschland.

Vorwort

Künstliche Intelligenz ist das große Zukunftsthema in den gegenwärtigen Diskussionen über Innovationskraft und Wettbewerbsfähigkeit der Wirtschaft und sogar vieler gesellschaftspolitischen Themen. Im Handel ist der Einsatz von Künstlicher Intelligenz bereits weiter als weithin bekannt. Dabei geht es nicht um eine neue Technologie an sich, sondern um Mehrwerte für die Verbraucher und für die Handelsunternehmen. Diese Mehrwerte kann KI schaffen, in Form von Entscheidungshilfen bei der Bedarfsplanung, der Vorhersage von Nachfrage, in der Logistik sowie in der automatisierten Preisanpassung oder Kundenkommunikation. Durch Optimierung interner Prozesse können Effizienzgewinne für Handelsunternehmen entstehen, die gleichzeitig den Verbrauchern einen direkten Nutzen bieten: die gewünschten Waren sind vorhanden oder können schnell und direkt zugestellt werden, Kundenwünsche werden individuell erfüllt und Warteschlangen vor den Kassen gehören der Vergangenheit an.

Die dahinter steckenden komplexen Prozesse sind nur mit einem automatisierten Datenmanagement zu beherrschen. Selbstlernende Algorithmen sind die nächste Stufte der Digitalisierung des Handels und Handel 4.0. Zwar macht KI die komplexen, Omni-Channel-Prozesse im Handel beherrschbar, doch KI liefert vor allem Entscheidungshilfen: Der Händler muss weiter die richtige Strategie haben und die richtigen Entscheidungen treffen, wie die Kunden zu gewinnen und zu halten sind.

Ziel dieses Buches „KI im Handel 2 – Anwendungen: Effizienz erhöhen und Kunden gewinnen" ist es, konkret und detailliert die Funktionsweise von KI im Handel darzustellen. Dabei geht es nicht um Beschreibungen der KI aus Sicht der Informatik, sondern um die wirtschaftliche Relevanz und um Praxisbeispiele der konkreten Umsetzung sowie Implementierung im Handel. KI wird als ein Instrument gesehen, die Dienstleistung Handel attraktiver und effizienter zu machen.

Das Buch soll deshalb eine praxisorientierte Entscheidungshilfe für Verantwortliche in Handelsunternehmen sein, die eine Strategie für den Einsatz von KI entwickeln wollen.

Im ersten Kapitel der Anwendungsfelder von KI im Handel wird ausführlich aufgezeigt, wie KI heute und in Zukunft eingesetzt wird. Dieser Hauptteil des Buches enthält die Themen KI in der Bedarfsplanung und Bestandsmanagement, in der Lager-Logistik und gesamten Lieferkette, Preisoptimierung (Dynamic Pricing), KI im vollautomatisierten Store sowie Chatbots in der Kundenkommunikation. Das zweite Kapitel stellt Beispiele von KI-Anwendungen bei Amazon Go, Walmart, OTTO und in der Mode- (Fashion) Branche vor. Die Inhalte zum vollautomatisierten Store und internationale Beispiele wurden durch Recherchen in den USA und anhand von Originalquellen erarbeitet. In Kapitel drei wird beschrieben und Empfehlungen ausgesprochen, wie Unternehmen Lösungen auf der Basis von Künstlicher Intelligenz erfolgreich einführen können. Zum Abschluss wird ein zusammenfassendes Fazit gezogen.

Der vorliegende Band ist eine Ergänzung und Vertiefung von Band 1 „KI im Handel 1 – Überblick. Digitale Komplexität managen und Entscheidungen unterstützen". Darin enthalten sind die Themen Bedeutung der KI für den Handel, Begriffsdefinition, Nutzen für Verbraucher, KI in Handelsprozessen, Gesellschaftspolitische Aspekte wie Verbraucherschutz, Haftung, Arbeitsplätze sowie ein Ausblick in die Zukunft der „Artificial Retail Intelligence" [1].

Hilfreich bei der Erstellung dieser kompakten Übersicht ist die langjährige Erfahrung in der Digitalisierung des Handels [2]. Die GK Software SE, gegründet 1990 in Schöneck/Vogtland, ist heute Marktführer in Europa für Omni-Channel Store-Solutions mit 235 Handelsunternehmen als Kunden in 51 Ländern und mehr als 1000 Mitarbeitern an 13 Standorten. KI-basierte Handelslösungen bietet die GK-Gruppe durch das auf KI-spezialisierte Tochterunternehmen prudsys AG an, die KI-basierte Software für personalisierte Produktempfehlungen über alle Kanäle, Digital Signage oder Visual Search entwickelt. Das zweite Erfahrungsfeld ist die KI-basierte dynamische Preisoptimierung, wie z.B. Einzelpreisoptimierung, Abschriftenoptimierung oder intelligentes Couponing. Die Kunden, die selbstlernende Softwaresysteme einsetzen, sind u. a. bonprix, Coop, Douglas, OBI, Thalia oder Würth.

Oktober 2018   Rainer Gläß
                                                                                    CEO
                                                           GK Software SE Schöneck

Danksagung

Das vorliegende Buch spiegelt die intensiven Diskussionen über die KI-Strategie der GK Software Gruppe wider, die mit Know-how-Trägern im Unternehmen, insbesondere von der 2017 übernommenen prudsys AG, mit zahlreichen Einzelhändlern sowie mit externen Experten, die unter anderem auch im Rahmen von Vorträgen auf Fachkonferenzen geführt worden sind. Ohne die Unterstützung zahlreicher Fachleute bei der Zulieferung von themen- und kapitelbezogenen Recherchen, von Beispielen, Fakten, Grafiken, Quellen, dem aktuellen Status der Forschung und Diskussionen in den Medien hätte dieses Buch nicht entstehen können.

Mein besonderer Dank gilt Fabian Blaser (prudsys): Umsetzung; Oliver Groth (Dalaran AI-Consulting): Computer Vision in der Automatisierung von In-Store Prozessen, Amazon Go, Walmarts Botbrigade; Jalina Küppers (IFH Köln): OTTO; Oleg Makarov (GK Software): KI in der Bedarfsplanung und Bestandsmanagement; Optimierung der Logistik und Lieferkette; Andreas Schmidt (prudsys): Dynamic Pricing; Detlev Spierling (Freier ITK-Fachjournalist): Chatbots; Dr. Eva Stüber (IFH Köln): OTTO; Katrin Wolf (prudsys): Markdown Pricing sowie Dr. René Schiller (GK Software): Lektorat und Norbert Eder (GK Software): Koordination.

Rainer Gläß

Inhaltsverzeichnis

Anwendungsfelder von Künstlicher Intelligenz im Handel

1

1.1 KI in der Bedarfsplanung und Bestandssteuerung

Gemäß einer aktuellen Studie von McKinsey zu den Auswirkungen von Künstlicher Intelligenz auf die deutsche Wirtschaft, werden sich die Warenströme in den Lieferketten erheblich optimieren lassen. Der Studie nach sind eine Reduktion der Umsatzausfälle aufgrund von Out-of-Stock-Situationen (Fehlbeständen) um bis zu 65 % und eine Senkung des Lagerbestands zwischen 20–50 % möglich [3]. Dies zeigt, dass die Optimierungsmöglichkeiten für den Warenflussprozess von Handelsunternehmen durch den Einsatz von KI vielfältig sind. Damit sind überlebenswichtige, zentrale Wertschöpfungsprozesse des Handels betroffen. Deswegen ist ein effizienter Einsatz der neuen KI-basierten Technologien für alle Händler entscheidend, die auch in Zukunft weiterhin erfolgreich sein wollen. Im Folgenden soll daher betrachtet werden, welche Bereiche des Warenflussprozesses von der KI-Revolution im Einzelnen betroffen sein werden und welche Praxisbeispiele es bereits gibt.

Optimierung der Bestandssteuerung
Wie wäre es, wenn ein Händler mit einer hohen Zuverlässigkeit vorhersehen könnte, wie viel, von welchem Artikel, wann und in welchem Store verkauft wird? Diese Fähigkeit würde zu einer erheblichen Optimierung der Warenbestände und der Kosten des Umlaufvermögens führen und wäre damit zweifelsohne einer der größten Erfolgshebel im Wettbewerb.

Die heutigen Märkte sind durch eine hohe Dynamik auf der Kunden- und Wettbewerbsseite gekennzeichnet: schnellere Produktlebenszyklen, Vermischung der Sortimente, Verbreitung von Omni-Channel-Konzepten oder kanalübergreifendes

© Springer Fachmedien Wiesbaden GmbH, ein Teil von Springer Nature 2018   1
R. Gläß, *Künstliche Intelligenz im Handel 2 – Anwendungen*, essentials,
https://doi.org/10.1007/978-3-658-23926-8_1

Fulfillment von Kundenbestellungen. Diese Vielzahl an gegenwärtigen Trends stellt damit hohe Anforderungen an das Bestandsmanagement.

Traditionelle Prognoseverfahren mithilfe von Business Intelligence (BI)-Instrumenten sind auf die Ermittlung von Prognosen anhand historischer Daten gerichtet. Die darauf basierenden Entscheidungen und die Umsetzung von konkreten Maßnahmen finden meist in nachgelagerten manuellen Schritten statt. Diese Art des reaktiven Bestandsmanagements ist jedoch vergleichsweise langsam und der Dynamik der heutigen Märkte nicht mehr gewachsen [4].

Erste und vielversprechende Antworten auf die gegenwärtigen Herausforderungen liefern moderne KI-basierte Systeme zur Bestandssteuerung. Amazon setzt bereits seit 2013 „Machine Learning" für den vorausschauenden Versand der Bestellungen ein (Anticipatory Shipping). Dabei wird das aktuelle Verhalten der Online-Kunden, wie etwa vergangene Bestellungen, Verweildauer, Clicks, Warenkorbbefüllungen sowie Wunschlisten ausgewertet und automatisch eine Prognose erstellt, welche Bestellungen in den nächsten Tagen voraussichtlich getätigt werden. Die jeweiligen Artikel werden dann bereits zum Fulfillment Center in der Nähe des Kunden geschickt und warten dort auf die verbindliche Bestellung durch den Kunden. Nach dem Kauf, wird die Bestellung mit der finalen Zustelladresse ergänzt und sofort zum Kunden geliefert. Durch den Einsatz von KI auf der Grundlage von Big Data konnte Amazon so die Versandzeiten und Logistikkosten reduzieren und die Kundenzufriedenheit steigern [5, 6].

Ein anderes Beispiel liefert Walmart. Der größte Einzelhändler der Welt hat seine 11.000 Filialen sowie die Online-Stores an das „Data Cafe" – eine riesige private Cloud – angebunden und verarbeitet mithilfe von InMemory-Technologie 2,5 Petabytes (1 Petabyte = 1.000.000 Gigabytes) Daten pro Stunde. Neben den Transaktionsdaten aus den Stores werden insgesamt 200 weitere interne und externe Datenquellen eingespeist. Das Unternehmen ist damit in der Lage, die Bestandsveränderungen in der eigenen Lieferkette fast in Echtzeit zu analysieren. Zur Auswertung dieser Datenmengen werden KI-Algorithmen angewendet. Dadurch werden einerseits akkurate Abverkaufsprognosen je Artikel erstellt und das Bestandmanagement optimiert, andererseits können durch automatisches Monitoring Bestandsprobleme in den Stores frühzeitig identifiziert und behoben werden. So konnten zum Beispiel Umsatzverluste durch eine fehlende Regalbefüllung der sehr gut laufenden Halloween-Cookies zu dem wichtigen Festtag in den USA in mehreren Filialen innerhalb kürzester Zeit erkannt und verhindert werden [7, 8].

Häufig wird die Frage gestellt, ob Künstliche Intelligenz erst bei Vorliegen von solchen gewaltigen Datenmengen erfolgreich eingesetzt werden kann. Dies ist jedoch keineswegs eine zwingende Voraussetzung – wie anhand des nachfolgenden Beispiels deutlich wird. Rue la la (www.ruelala.com) ist ein erfolgreiches online Luxus-Fashion-Startup aus Boston mit ca. 14 % Marktanteil in einem schnell wachsenden Markt. Das Unternehmen verkauft Designer-Fashion in stark begrenzten Stückzahlen während zeitlich limitierten Rabattaktionen (Flash-Sales). Der Online-Store hat ca. 3 Mio. Besuche pro Monat [9]. Im Durchschnitt hält das Unternehmen nur 10 Artikel je Stock-Keeping-Unit (SKU) je Verkaufsaktion im Bestand [10]. Rue la la hat zusammen mit einem Team von Data-Scientists aus dem Massachusetts Instiute of Technology (MIT) sowie der Universität Harvard ein Softwareprogramm zur Absatz-Prognose und Preisoptimierung entwickelt, um optimale Preise für neue, bisher nie verkaufte Ware zu bestimmen. Das Ziel war es dabei, den Umsatz und den Rohertrag durch höhere Preise zu maximieren und nicht verkaufte Bestände am Ende der Aktion zu vermeiden. In der Testphase haben die Empfehlungen des Programms zu einer Umsatzsteigerung von 9,7 % geführt. Deshalb hat Rue la la das Softwareprogramm im Anschluss für die produktive Nutzung freigegeben [11].

Wie lässt sich ein erfolgreiches KI-Projekt für Bestandsmanagement realisieren?
Der Einsatz Künstlicher Intelligenz im Bestandsmanagement kann unterschiedliche Tragweiten erreichen. Sie reicht von der Analyseunterstützung zur Ableitung von Gesetzmäßigkeiten aus Big Data, über die Erstellung der Abverkaufsvorhersagen je SKU je Store oder die Erstellung von Replenishment (Wiederauffüllungs)-Vorschlägen, welche durch die Manager freigegeben werden müssen, bis hin zur vollautomatischen Bestandssteuerung in Teil- oder Gesamtsortimenten.

Als Store ist in diesem Kontext ein stationäres Geschäft, ein Online-Shop oder jeder andere Touchpoint zu verstehen, an dem Verkäufe stattfinden. Nachfolgend wird einheitlich der Begriff Store verwendet.

Neben der angestrebten Tragweite des KI-Einsatzes müssen auch die Optimierungsziele festgelegt werden. Welche KPIs sollen durch den Einsatz der KI-Lösung optimiert werden? Reduktion der Out-of-Stock -Quoten oder Vermeidung von Restbeständen bei saisonaler bzw. verderblicher Ware? Je nach Sortimentsstruktur des Händlers können die Ziele auch innerhalb des Sortiments variieren. Die definierten Ziele müssen sich dabei an der aktuellen Unternehmensstrategie orientieren. Außerdem müssen Vergleichswerte der betreffenden KPIs vor dem Einsatz der KI-Lösung vorhanden sein, um den Erfolg des Projektes bewerten zu können [12].

Es ist wichtig, die Ziele und den Umfang des Projektes am Beginn für alle Projektbeteiligten klar zu definieren. Selbst, wenn das Endziel eine vollautomatische Bestandssteuerung sein sollte, empfiehlt es sich sehr, ein iteratives Vorgehen zu wählen und sich zunächst auf überschaubare und einfach erreichbare Teilziele zu konzentrieren. So lassen sich schneller spürbare Erfolge erzielen und das Projektbudget wird effizient eingesetzt.

KI-Lösung zur Optimierung der Absatzprognosen und des Replenishments
Zur Veranschaulichung wird angenommen, dass ein Händler ein System einführen möchte, welches die Abverkäufe je Artikel, je Zeiteinheit und je Store prognostiziert. Auf dieser Basis soll anschließend die Nachbestellung der Artikel gesteuert werden. Exemplarisch ist dieses System in der nachfolgenden Abb. 1.1 dargestellt.

Zur Erstellung der Prognose müssen anschließend die Einflussfaktoren ausgewählt werden, welche durch die KI berücksichtigt werden sollen. Diese Einflussfaktoren müssen idealerweise die Marktsituation und die Nachfragesituation im Einzugsgebiet des jeweiligen Stores beschreiben sowie den Einfluss des eigenen Marketings und den des Wettbewerbs auf die Kunden abbilden. Diese Einflussfaktoren können sich je nach Marktsegment und Händler unterscheiden.

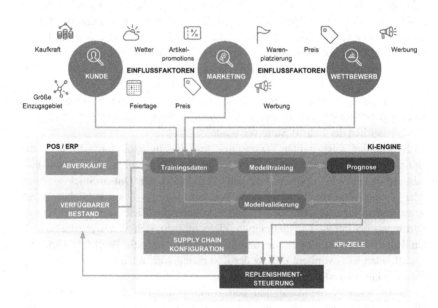

Abb. 1.1 Replenishment-Steuerung mit KI. (Quelle: Oleg Makarov, GK Software, 2018)

Die Basis für die anschließende Prognose bilden dann die auf neuronalen Netzen basierenden Machine-Learning-Verfahren der KI-Engine. Diese verwendet die vergangenen Abverkäufe und die aktuellen Einflussfaktoren im Analyse-Zeitraum als Eingangsparameter und ermittelt den Absatz des Artikels im Prognosezeitraum [12].

Damit die KI in die Lage versetzt wird, den Artikelabsatz zu prognostizieren, muss das neuronale Netz zuerst trainiert werden. Dazu wird ein Trainings-Zeitraum ausgewählt (z. B. letztes Jahr oder letzter Monat), in dem die Abverkäufe und die Messwerte der Einflussfaktoren bekannt sind. Während des Trainings werden die Gewichtungen der Korrelationen zwischen den Einflussfaktoren und dem Absatz des Artikels gesucht, bis ein artikelspezifisches Prognosemodell gefunden ist, welches den Absatz des jeweiligen Zielartikels am besten voraussagt. Die erkannten irrelevanten Faktoren werden dann aus der weiteren Betrachtung ausgeschlossen.

Anschließend muss das Modell im Testzeitraum validiert werden. Dabei wird der Forecast der KI mit den tatsächlichen Abverkäufen verglichen und das Modell bei Abweichungen weiter optimiert. Dieser Prozess wird solange wiederholt, bis die Prognosen der KI für jeden Zeitraum die höchstmögliche Genauigkeit liefern [13].

Anschließend ist die KI bereit für die produktive Nutzung. Während des produktiven Einsatzes wird der Validierungskreislauf im Hintergrund beibehalten. So kann das Modell permanent weiter optimiert werden. Gleichzeitig passt es sich dabei automatisch an die Trends und Veränderung des Kundenverhaltens an. Bei der Veränderungen der Bedeutung einzelner Einflussfaktoren auf den Absatz werden die Korrelationsgewichtungen automatisch angepasst. Dadurch lernt die KI kontinuierlich mit.

Dank der KI-Lösung kann der Händler die Genauigkeit der Absatzprognose für alle Artikel in seinem Store erheblich verbessern und auf dieser Basis die Replenishment-Prozesse seiner Stores optimieren. Damit wird es außerdem möglich, Out-of-Stock-Situationen weitgehend zu vermeiden. Parallel dazu lassen sich die Abschriftenquote und die Lagerhaltungskosten reduzieren [14]. Weitere Vorteile sind verbesserte Warenverfügbarkeit bzw. verringerte Versandzeiten, welche zur Verbesserung der Kundenzufriedenheit beitragen [15].

1.2   KI zur Optimierung der Logistik und Lieferkette

Gemäß der oben genannten Studie von McKinsey beträgt das Automatisierungspotenzial der Logistikbranche 64 %. Sie belegt damit den zweiten Platz der am meisten automatisierbaren Branchen [3]. Dementsprechend sind die Potenziale für Kosteneinsparungen enorm. Händler, die nicht darauf hinarbeiten diese Potenziale zu heben, werden zumindest mittelfristig das Risiko eingehen, ihre Wettbewerbsfähigkeit zu verlieren.

Beispiele zeigen bereits jetzt, dass KI-basierte Verfahren zu einer Optimierung der operativen Lagerprozesse sowie zu einer Automatisierung der Intralager-Logistik führen. So hat Zalando die Picking-Zeit in den eigenen Lägern durch die Optimierung der Pickingrouten um 11 % reduziert [16]. Eine weitere Stärke der KI zeigt sich in der Fähigkeit, sich auf die Veränderungen der Situation im Verlaufe des Fulfillment-Prozesses anzupassen und konkurrierende Ziele mit optimalen Kosten zu erreichen. So waren ursprünglich eine optimale Picking-Dichte und damit geringe operative Kosten besonders im Fokus. Es zeigte sich jedoch, dass zeitkritische VIP-Bestellungen oder nahende Abfahrtszeitpunkte der Transportfahrzeuge damit konkurrieren. Deshalb wurden die KPIs so angepasst, dass auch die Erfüllung von SLAs (Service-Level-Agreements) mit einbezogen wurden [17].

Die Weiterentwicklungen im Rahmen von Künstlicher Intelligenz sind einer der zentralen Faktoren, die den Fortschritt in der Robotik in den letzten Jahren ermöglicht und für eine erhebliche Verbreitung ihrer Einsatzmöglichkeiten in der Wirtschaft gesorgt haben. Besonders wichtig sind dafür die Disziplinen Machine Perception und Reinforcement Learning. Erst dadurch werden die Roboter in die Lage versetzt, ihre Umgebung wahrzunehmen und gemäß einem vorgegebenen Ziel aus der vorherigen Erfahrung den optimalen Weg zu Zielerreichung zu lernen.

Ein weiterer Bereich, in dem Händler heute einen hohen Grad der Automatisierung erreichen können, ist die Intra-Logistik. So wird bei E-Commerce oder Omni-Channel-Lägern häufig das Ware-zu-Person-Prinzip im Kommissionier-Prozess genutzt. Die Roboter übernehmen dabei vollkommen automatisch die Einlagerung und Abholung der Warenbehälter von den Lagerplätzen. Die Mitarbeiter erledigen die restlichen Aufgaben wie Wareneingang, Entnahme der Ware aus dem Warenbehälter, Verpacken und Versandaufbereitung [18]. Dadurch lässt sich bis zu 50 % der Arbeitszeit im Picking-Prozess einsparen [19]. Deshalb verstärken sich führende Onlinehändler mit passenden Technologieunternehmen. Ein Beispiel ist die Übernahme des Roboter-Herstellers Kiva Systems durch Amazon. Der Online-Riese setzt bereits seit 2013 verstärkt auf Roboter, um die Warenregale zu den Lagermitarbeitern zum Picken zu transportieren. So hat Amazon seine Flotte in nur vier Jahren auf über 100.000 Roboter erweitert [20]. Auf dem europäischen Markt gibt es diverse alternative Systeme. Stellvertretend sollen hier CarryPick-System von Swisslog [21] und AutoStore vom norwegischen Hatteland Logistics genannt werden [22].

Auch in den Distributionszentren zur Filialbelieferung lässt sich heute ein sehr hoher Grad der Automatisierung erreichen. So setzt Migros seit 2015 das weltweit erste vollautomatisierte Tiefkühllager von SSI Schärfer mit einem Durchsatz von 300.000 Paletten pro Jahr ein [23]. Lidl arbeitet mit Vanderlande zusammen und rüstete sein Distributionszentrum zum vollautomatisierten Paletten-Hochregallager um [24]. Diese Systemlösungen für Filial-Distributionszentren ermöglichen vollautomatische Depalettierung, Einlagerung der Ware oder Sortierung zu an das Store-Layout optimierten Paletten. Da die kleinsten zu pickenden Wareneinheiten in Gebinde verbundene Artikel sind, ist automatisiertes Picken problemlos möglich.

Die vollautomatisierten Distributionszentren sind mit erheblichen Investitionen verbunden und lohnen sich deshalb erst ab einem gewissen Warenumschlag. Weniger kostenintensive und besser skalierbare Lösungen bieten innovative Ansätze für Roboter, welche in der Lage sind, sich selbstständig im Lager zu bewegen und mithilfe mechanischer Arme die Ware zu picken. Solche Lösungen gibt es bspw. von Fetch Robotics oder vom deutschen Hersteller Magazino. Allerdings befinden sich diese Pickroboter noch im Prototyp-Stadium [19]. Nach der Erreichung der Marktreife werden die mobilen Pickroboter jedoch innovative Potenziale zur Effizienzsteigerung bieten. Es ist zu erwarten, dass sie dann in bestehenden Lagerinfrastrukturen ohne aufwendigen Umbau einsetzbar sind. Auch die Verlegung zu anderen Standorten oder die Anmietung zusätzlicher Roboter zur Bewältigung des saisonalen Geschäfts ist denkbar. Neben dem Einsatz im Lager ist zukünftig auch die Nutzung solcher Roboter zum Replenishment der Regale in den Filialen vorstellbar.

Das automatische Picken einzelner Artikel, die in unterschiedlichen Formen und Beschaffenheit vorliegen – wie in einem E-Commerce- oder Omni-Channel-Lager üblich – ist gegenwärtig noch die größere Herausforderung für Roboter. Um den Fortschritt in diesem Bereich zu fördern, veranstaltet Amazon seit 2015 die Amazon Picking-Challenge, an der Forschungs-Teams und Startups aus der ganzen Welt teilnehmen [19]. Dabei wurden im Zeitraum von nur zwei Jahren bereits erhebliche Fortschritte erzielt.

Die Automatisierung der Lieferung auf der letzten Meile
Die Lieferung vom letzten Verteilzentrum bis zum B2C-Kunden erfolgt im öffentlichen Verkehrsraum – auf der sogenannten letzten Meile. Diese offene, unstrukturierte Umgebung ist schlecht steuerbar und kaum vorhersagbar. Deswegen stellt die selbstständige Orientierung in diesem Umfeld die höchste Herausforderung für Roboter dar.

Um die letzte Meile zu überbrücken verfolgte bspw. Walmart einen innovativen Ansatz zur Nutzung der vorhandenen Ressourcen und hat das Associate Delivery Programm ins Leben gerufen. Die Zustellung zum Kunden aus der Filiale heraus erfolgt dabei durch die Mitarbeiter nach der Arbeit auf ihrem Weg nach Hause. Zur Routenoptimierung wird dabei Künstliche Intelligenz eingesetzt. Die Teilnahme am Programm ist für die Mitarbeiter freiwillig und ermöglicht ihnen einen Zuverdienst. Dadurch, dass für die Mitarbeiter bei Beginn der Zustellung keine Anfahrt zur Abholung der Sendung erforderlich ist, war eine erhebliche Verkürzung der Zustellungsrouten möglich [25, 26].

Einen weiteren sehr innovativen Ansatz verfolgt das Startup Starship Technologies aus den USA. Das Unternehmen hat einen kleinen, KI-gesteuerten Roboter entwickelt, welcher die Zustellung der Kundenbestellungen aus einem lokalen Verteilzentrum oder Store übernimmt. Der Roboter fährt selbstständig mit Schrittgeschwindigkeit durch die Straßen, bis er den Empfänger der Sendung erreicht hat. Er umfährt selbstständig alle Hindernisse und Fußgänger. Die Zustellung soll innerhalb von maximal in 30 min erfolgen und kann per App vom Kunden bestellt werden. Auch diese Technologie ist noch im Entwicklungsstadium. Sobald sie die Marktreife erreicht hat, verspricht sie die Kosten des Last-Mile-Delivery und Convenience-Shopping zu revolutionieren [19].

Alternativ dazu hat Amazon sein PrimeAir-Programm aufgelegt, um kleine Sendungen bis 2,6 kg den Kunden maximal 30 min nach der Bestellung zuzustellen. Dazu werden autonom fliegende Drohnen verwendet. Erste Testflüge wurden erfolgreich absolviert. Derzeit wird die neue Technologie durch regulatorische Hürden zurückgehalten. Auf der Suche nach einem geeigneten Markt für diese Innovation ist Amazon in UK fündig geworden. Denn der britische National Air Traffic Control Service arbeitet derzeit an der Lockerung der Regularien, um den selbstständigen Betrieb von Drohnen außerhalb des Sichtfeldes eines menschlichen Operators zu ermöglichen. Gegenwärtig ist zu erwarten, dass dadurch die Nutzung der Technologie in Großbritannien schon in 2019–2020 Wirklichkeit werden könnte [27, 28].

Die Fortschritte im Bereich der Künstlichen Intelligenz bereiten gegenwärtig die Basis für fundamentale Veränderungen der Art und Weise, wie Händler zukünftig ihre Warenflüsse in der gesamten Supply-Chain steuern und umsetzen. Es ist zu erwarten, dass sich die Transparenz auf jeder Stufe der Supply-Chain durch zuverlässige Prognosen massiv erhöht und in Zukunft eine neue Dimension proaktiven Supply-Chain-Managements die Prozesse deutlich besser steuert. Der Einsatz von mit Künstlicher Intelligenz ausgestatteten Robotern in Lägern, auf Straßen und schließlich auch im Store wird für eine erhebliche Reduktion der Logistikkosten und Versandzeiten sorgen. Innovative Ansätze zur Überbrückung der letzten Meile werden den Händlern einen noch besseren Kundenservice und neue Shopping-Modelle im E-Commerce und stationärem Handel ermöglichen.

1.3 KI zur dynamischen Preisoptimierung

Die Preisaktivitäten führender Händler nehmen von Jahr zu Jahr zu. Allein in Deutschland führte Amazon.de im April 2017 über 3,6 Mio. Preisschritte durch [29]. Gleichzeitig machen es Preisvergleichsportale und die hohe Transparenz des Internets im Allgemeinen den Kunden immer einfacher, das günstigste Angebot zu finden. Händler, die mit Branchengrößen wie Amazon, Rakuten oder OTTO mithalten wollen, müssen daher in der Lage sein, Artikelpreise jederzeit an sich ständig ändernde Marktsituationen anzupassen.

Die Anpassung tausender Artikelpreise, mitunter mehrmals am Tag, stellt viele Händler jedoch vor eine große Herausforderung. Durch die Vielzahl relevanter Einflussfaktoren auf den Preis ist dieser heute manuell nicht mehr steuerbar. Daher setzen laut einer Studie des Bundesverbandes E-Commerce und Versandhandel Deutschland e. V. (bevh) immer mehr Händler auf dynamische Preisbildungsstrategien [30]. Die Mehrzahl der aktuell von Händlern eingesetzten Pricing-Lösungen folgt starren Preisregeln, die sich häufig nur am Preisverhalten der Konkurrenz orientieren. Der Einsatz sogenannter Repricing-Tools birgt die Gefahr ruinöser Preisverzerrungen, wenn sich Wettbewerber gegenseitig immer weiter unterbieten [31]. Händler, die das Optimum aus ihren Preisstrategien herausholen wollen, setzen daher auf KI-gestützte Verfahren zur automatischen Preisbildung. Eine optimale Preisstrategie ist dabei nicht, den konkurrierenden Anbieter schnell zu unterbieten, sondern den Preis anzubieten, den der Kunde bereit ist, zu bezahlen. Das wird im Weiteren erläutert. Begriffe, die in diesem Zusammenhang oft genannt werden, sind dynamische Preisoptimierung oder auch Dynamic Pricing. Im Folgenden werden beide Begriffe synonym verwendet.

Dynamic Pricing ist definiert als Preisstrategie, bei der Unternehmen die Preise von Produkten oder Dienstleistungen permanent der aktuellen Marktsituation anpassen. Die Preisanpassung erfolgt dabei maschinell durch intelligente Algorithmen [32]. Diese Algorithmen analysieren kontinuierlich riesige Datenmengen und beziehen alle relevanten Preisbildungsfaktoren wie Konkurrenzpreis, Nachfrage, Lagerbestand, Wochentag oder Wetter mit ein (vgl. Abb. 1.2) [33].

Der große Vorteil dynamischer Preisoptimierung liegt darin, dass die Preisbildung nicht kostengetrieben erfolgt. Stattdessen rückt bei diesem Ansatz die Preisakzeptanz der Kunden in den Mittelpunkt. Die Leitfrage lautet also: Was

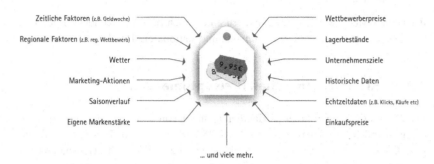

Zeitliche Faktoren (z.B. Geldwoche) .... Wettbewerberpreise

Regionale Faktoren (z.B. reg. Wettbewerb) .... Lagerbestände

Wetter .... Unternehmensziele

Marketing-Aktionen .... Historische Daten

Saisonverlauf .... Echtzeitdaten (z.B. Klicks, Käufe etc)

Eigene Markenstärke .... Einkaufspreise

... und viele mehr.

Abb. 1.2 Einflussfaktoren auf die dynamische Preisbildung. (Quelle: Frank Nathan, prudsys AG, 2018)

ist dem Kunden ein Produkt oder eine Dienstleistung zu einem bestimmten Zeitpunkt an einem bestimmten Ort wert? Diesem Prinzip folgen auch Straßenverkäufer von Regenschirmen, wie man sie in jeder größeren Metropole antrifft. Die Straßenverkäufer verdoppeln die Preise ihrer Regenschirme beim ersten Anzeichen von Regen. Sie wissen aus Erfahrung, dass ihre Kunden den Wert eines Regenschirmes jetzt deutlich höher einschätzen, als noch wenige Minuten zuvor. Die Kosten eines Produktes markieren lediglich seine untere Preisgrenze. Alles was darüber liegt, ist abhängig vom Wert, den die Kunden ihm beimessen. Händler sind also gut beraten, wenn sie sich vom Prinzip des „One-Size-Fits-All" verabschieden. Es gibt nicht den einen perfekten Preis für einen Artikel, der für alle Kunden zu jedem Zeitpunkt passt. Stattdessen gibt es für jedes Produkt in der Welt immer mindestens zwei Personen, die bereit sind, unterschiedliche Preise dafür zu zahlen. Diese simple Erkenntnis ist lediglich die Ableitung eines einfachen ökonomischen Gesetzes – dem Nachfragegesetz. Ein niedrigerer Preis wird immer mehr Kunden anlocken [34]. Das bedeutet, dass diese Kunden auch vorher schon Interesse an dem Produkt hatten, aber der Preis sie bislang abgeschreckt hat. Für Händler besteht die Aufgabe also darin, die Nachfrage durch die dynamische Anpassung ihrer Preise so auszusteuern, dass die selbst gesteckten Unternehmensziele erreicht werden. Zu einer fundierten Preisstrategie gehört daher immer auch die Kenntnis über die Unternehmensziele. Welche Kennzahlen bzw. KPIs (Key Performance Indicators) sind dem Händler wichtig? Möchte er beispielsweise primär seinen Umsatz erhöhen oder soll der Rohertrag optimiert werden?

Optimaler Preis und Preiselastizität

Den optimalen Preis ermitteln Händler über die Berechnung von Preisabsatzfunktion und Preiselastizität. Die Preisabsatzfunktion beschreibt den Zusammenhang zwischen Preis und Absatzmenge. Händler beantworten mithilfe der
Preisabsatzfunktion die Frage, wie sich die Nachfrage nach einem Produkt
ändert, wenn der Preis steigt oder fällt [35]. Die dynamische Preisoptimierung
setzt demzufolge die Kenntnis der Preisabsatzfunktion voraus. Der prozentuale
Einfluss des Preises auf die Absatzmenge wird anhand der Preiselastizität dargestellt. Beispiel: Eine Preiselastizität von -2 besagt, dass die Senkung des
Preises um 10 % einen Anstieg der Absatzmenge um 20 % bewirkt. Das Minus-
zeichen kommt durch das entgegengesetzte Verhalten von Preis (runter) und
Absatz (hoch) zustande.

Ebenso wichtig zur Berechnung optimaler Preise ist die Kenntnis der Kreuz-
preiselastizität. Die Kreuzpreiselastizität ist ein Maß für den Einfluss des
Konkurrenzpreises auf den eigenen Absatz. Sie gibt beispielsweise an, um wie
viel Prozent der Absatz von Produkt A zurückgeht, wenn der Preis für Produkt
B gesenkt wird. Dabei spielt es keine Rolle, ob ein Händler das konkurrierende
Produkt im eigenen Sortiment hat oder ob es sich lediglich im Sortiment eines
Wettbewerbers befindet. Kreuzpreiselastizitäten spielen vor allem bei funktional ähnlichen Produkten eine Rolle. Das bedeutet, dass sie den gleichen Zweck
erfüllen und das andere Produkt ersetzen können. Nehmen wir beispielsweise an,
der Preis für Margarine fällt um 10 %. Nehmen wir weiterhin an, der Absatz von
Butter geht in diesem Zuge um 5 % zurück. So beträgt die Kreuzpreiselastizität
zwischen diesen beiden Produkten 0,5.

Neben dem eigenen Produktpreis und den Wettbewerberpreisen haben natürlich noch viele weitere Faktoren einen direkten Einfluss auf den Absatz. Um die
Preisabsatzfunktion zuverlässig zu berechnen, müssen demnach eine ganze Reihe
relevanter Faktoren berücksichtigt werden (vgl. Abb. 1.2). Die große Herausforderung besteht darin, herauszufinden, welche Faktoren dies im Einzelfall sind.
Wichtig sind u. a. die eigene (regionale) Markenstärke eines Händlers, das Wetter, zeitliche und saisonale Faktoren, Warenbestände, Einkaufskonditionen sowie
Echtzeit-Daten (Klicks und Käufe).

Die Menge der Faktoren macht es mehr als deutlich: In Zeiten von Big Data,
Digitalisierung und einem hochgradig-volatilen Marktumfeld ist der Preis von
Menschenhand nicht mehr hinreichend effektiv steuerbar. An dieser Stelle kommt
Künstliche Intelligenz (KI) in Form von selbstlernenden Algorithmen ins Spiel.
Diese Algorithmen berechnen automatisch für jeden Artikel und zu jedem Zeit-
punkt den optimalen Preis. Dabei erfolgt die Preisoptimierung immer unter
Berücksichtigung der Preisstrategie des Händlers. Wie weit der Händler in die

Arbeitsweise der KI eingreifen möchte, bleibt ihm selbst überlassen. In der Regel legt er zumindest die oberen und unteren Preisgrenzen für jedes Produkt fest. Anschließend gibt er vor, auf welche Zielgröße hin die KI die Preise optimieren soll. Die Algorithmen erledigen den Rest.

Dynamische Preisoptimierung ist auf das gesamte Artikelsortiment anwendbar. Zudem ermöglichen elektronische Preisschilder mittlerweile auch den Einsatz im stationären Handel. Dynamic Pricing bietet eine Vielzahl von Anwendungsmöglichkeiten für Händler, die jeweils andere Anforderungen an den Pricing-Algorithmus stellen. Kunden erinnern sich in der Regel nur an wenige Artikelpreise. Dennoch gibt es Produkte, die sehr im Preisfokus der Verbraucher stehen und deren Preise darüber entscheiden, ob ein Händler als besonders teuer oder preiswert wahrgenommen wird [36]. Für die Berechnung dieser Eckpreis- oder Fokusartikel spielt der Wettbewerberpreis eine besonders große Rolle. Eine intelligente Pricing-Lösung berücksichtigt dies und optimiert automatisch Umsatz, Absatz oder Ertrag bei gleichzeitiger Stärkung des Preis-Images des Händlers. Die Anzahl dieser Artikel ist vergleichsweise gering. Ihre Bedeutung für das Preis-Image jedoch umso höher. Daher empfiehlt sich hier zunächst eine Übermittlung der Preisvorschläge an die Pricing-Manager.

Bei Basisartikeln, die nicht so sehr im Preisfokus der Kunden stehen, kann die KI das volle Ergebnispotenzial abschöpfen. Dabei berechnen intelligente Pricing-Algorithmen anhand von Preis-Absatz-Zusammenhängen zu jedem Zeitpunkt automatisch den optimalen Preis und spielen ihn direkt aus. Das spart eine Menge manuellen Aufwand und maximiert den Ertrag des Händlers.

Wie wichtig die Beachtung von Kreuzpreiselastizitäten ist, wurde schon erwähnt. Händler können sich diesen Effekt zunutze machen. Dabei identifiziert die KI Austauschbeziehungen zwischen zwei funktional ähnlichen Produkten. Anschließend senkt die KI automatisch den Preis des Alternativproduktes, das eine höhere Marge aufweist. Dadurch steigt der Absatz dieses Produktes und der Ertrag des Händlers wird optimiert.

Markdown Pricing, personalisiertes Pricing und intelligentes Couponing
Eine besondere Form der dynamischen Preisoptimierung ist das sogenannte Markdown Pricing, auch Abschriftenoptimierung genannt. Bei dieser Preisstrategie optimiert die KI Abschriften und Lagerbestand für Artikel von begrenzter Lebensdauer (z. B. Frischeartikel im Lebenseinzelhandel [LEH]) oder für Artikel mit raschem Werteverfall (z. B. Saisonartikel im Fashion-Handel). Gleichzeitig schöpfen Händler zu jedem Zeitpunkt den größtmöglichen Ertrag beim Verkauf ihrer Produkte ab, ohne durch zu frühe oder zu hoch angesetzte Rabatte Marge zu verschenken. Ein positiver Nebeneffekt des Markdown Pricings

im LEH besteht auch darin, dass dadurch weniger Lebensmittel verschwendet werden. So passt die KI die Preise von Frischeartikeln so an, dass zum Ablauf des Mindesthaltbarkeitsdatums möglichst alle abverkauft sind. In Abschn. 2.4 dieses Buches wird anhand eines aktuellen Praxisbeispiels beschrieben, wie Markdown Pricing bei einem Sportartikelhersteller erfolgreich umgesetzt wurde.

Eine spezielle Art der dynamischen Preisoptimierung ist das personalisierte Pricing. Bislang haben wir uns in diesem Kapitel mit der Berechnung von Preisabsatzfunktionen auf aggregierter Ebene beschäftigt. Durch die Vielzahl von Datenpunkten, die Händlern heute zu Verfügung stehen, ist Dynamic Pricing auch auf individueller Ebene möglich. Man darf sich aber fragen, wie sinnvoll es ist, unterschiedlichen Kunden zum gleichen Zeitpunkt unterschiedliche Preise für ein und dasselbe Produkt anzubieten. Mancher Experte argumentiert, dass Händler dadurch die Loyalität ihrer Kunden einbüßen [37]. Allerdings sollte an dieser Stelle klar zwischen B2C- und B2B-Unternehmen unterschieden werden. Während Händler auf dem B2C-Markt noch sehr zurückhaltend mit personalisierten Preisen umgehen, ist deren Einsatz auf dem B2B-Markt längst gängige Praxis. Laut jüngsten Umfrageergebnissen des Instituts für Handelsforschung (IFH Köln) setzen bereits heute rund 80 % der B2B-Unternehmen auf kundenindividuelle Preise in ihren Online-Shops [38]. Eine Möglichkeit, die Konsumenten trotzdem mit Preisvorteilen zu incentivieren, sind individuelle Coupons. Das sind kundenspezifische Rabatte, die auf der Basis der Preisabsatzfunktion von intelligenten Algorithmen berechnet werden. Intelligentes Couponing eignet sich besonders, um die Einkaufsfrequenz von Stammkunden zu steigern oder um Kunden zu aktivieren, die sich zwar für ein bestimmtes Produkt interessieren, für die es aber bislang zu teuer war.

Machine Learning und Reinforcement Learning

Für jeden der genannten Anwendungsfälle benötigen Händler eine KI, die in der Lage ist, das Wechselspiel von Preisaktion und Kundenreaktion in Echtzeit zu analysieren und daraus zu lernen. Je größer die zur Verfügung stehende Datenmenge ist, desto besser funktioniert die dynamische Preisoptimierung. Die mathematische Basis intelligenter Pricing-Lösungen sind vor allem Verfahren aus dem Bereich des Machine Learning, z. B. das Reinforcement Learning. Machine Learning geht weit über die reine Mustererkennung in großen Datensätzen (Big Data) hinaus. Die KI kann gelerntes Wissen verallgemeinern und auf neue Situationen anwenden. Hinzu kommt, dass die KI aus jedem neuen Datenpunkt lernt und ihr Wissen dadurch kontinuierlich mit der Realität abgleicht. Dieser Vorgang wird adaptives oder inkrementelles Lernen genannt. Die Qualität der von der KI getroffenen Vorhersagen wird zusätzlich verbessert, indem die KI für jede gute

Aktion „belohnt" wird. Dies bezeichnet man als Reinforcement Learning oder als selbstverstärkendes Lernen [39]. Die dabei zur Anwendung kommenden Algorithmen sind in der Lage, bestimmte Zielvorgaben eigendynamisch zu verfolgen und in Echtzeit aus der Kundenreaktion Rückschlüsse auf die Wirksamkeit der Preissetzung zu ziehen [40].

Der Einsatz von Dynamic Pricing zahlt sich aus. Händler, die darauf verzichten, verschenken bares Geld und verspielen eventuell überlebenswichtige Marktanteile. Durch dynamische Preisoptimierung können Händler Gewinnsteigerungen von bis zu 20 Prozent und mehr realisieren [41]. Sie stärken dadurch ihr Preis-Image und erzielen das Optimum ihrer Preisstrategien. Dynamic Pricing bringt zudem eine enorme Steigerung der Effizienz mit sich, da die KI den Menschen wiederkehrende und monotone Tätigkeiten wie die Preisbildung abnimmt. Dadurch entstehen Freiräume, die für strategische Themen und die Verbesserung des Service in den Filialen genutzt werden können. Dies wiederum verbessert das Einkaufserlebnis und stärkt die Kundenbindung.

Preisoptimierung und Verbraucher
Damit Händler vor allem im B2C-Bereich das Vertrauen ihrer Kunden bewahren, ist es wichtig, dass sie offen mit ihren Kunden über das Thema Dynamic Pricing kommunizieren. Das trifft insbesondere auf das personalisierte Pricing zu. Ungleichbehandlung sollte erklärbar sein. Kunden müssen verstehen, dass durch individuelle Rabatte in erster Linie Treue und Umsatz belohnt werden [42]. Eine aktuelle IFH-Studie stützt diese These. Demnach beurteilen Kunden die Preisdifferenzierung nach ihrer wahrgenommenen Preisfairness [43]. Diese steigt deutlich, sobald die Preisdifferenzierung nachvollziehbar ist und nicht ohne ersichtlichen Grund vollzogen wird. So steigt die Akzeptanz für Preisanpassungen, je mehr Zeit zwischen den einzelnen Preisschritten vergeht. Ebenso sind segment-basierte Preisunterschiede gut vermittelbar, z. B. freier Eintritt für Kinder oder ein Rabatt für Studierende. Kunden können auch nachvollziehen, dass die Preise in der Filiale etwas höher sind, als im Online-Shop, da dies durch höhere Kosten sowie besseren Service gerechtfertigt werden kann. Bonusprogramme, wie Kundenkarten, über die individuelle Rabatte gespielt werden, sind weithin akzeptiert. Das liegt daran, dass die Mitgliedschaft in Loyalitätsprogrammen per Selbstselektion herbeigeführt wird. Sie unterliegt somit der Kontrolle der Kunden. Sie haben es selbst in der Hand, ob sie persönliche Daten gegen bestimmte Privilegien eintauschen wollen oder nicht.

Grundsätzlich ist es wichtig zu verstehen, dass ein dynamischer Preis immer ein marktgerechter Preis ist. Marktgerecht im Sinne der Wertschätzung der Verbraucher – und unter Berücksichtigung von Angebot und Nachfrage. Das bedeutet schlicht, dass Produkte sowie Dienstleistungen mal teurer und mal günstiger werden. Insofern wäre es sogar in höchstem Maße unfair, auf Preisstabilität zu beharren, obwohl der Preis gesenkt werden könnte. Sinkt beispielsweise der Rohölpreis, dann spüren dies die Verbraucher an der Tankstelle anhand gesunkener Treibstoffpreise. In diesem Fall hat Dynamic Pricing Vorteile für den Kunden im Vergleich zur Preisstabilität. Kunden profitieren zudem von saisonalen Rabatten im Fashion-Handel oder von Preisnachlässen auf Frischeartikel mit begrenzter Haltbarkeit im LEH. Letztere sind auch aus ethischer Perspektive zu befürworten, da sie nachhaltig wirken und der Verschwendung von Lebensmitteln entgegenwirken.

Solange es Händlern gelingt, den Einsatz von Dynamic Pricing gegenüber den Verbrauchern nachvollziehbar zu kommunizieren, können sie die Chancen dieser Technologie voll ausschöpfen.

1.4 KI im vollautomatisierten Store: Der intelligente „Just-Walk-Out-Store"

Auf dem Heimweg noch schnell an einem Geschäft anhalten, um für das Abendessen einzukaufen. Das hat sicherlich seinen Reiz: Neben frischen Zutaten zum Kochen findet man im Supermarkt um die Ecke vielleicht sogar noch ein bekanntes Gesicht und kann den Einkauf direkt mit einer angenehmen Unterhaltung verbinden. Wenn nur die Schlange an der Kasse diese eigentlich recht kurzweilige Besorgung nicht wieder zu einem abendfüllenden Programm werden ließe – auf die man im Zweifel dann doch verzichtet, um eher nach Hause zu kommen und sich dort doch wieder mit einer Tiefkühlpizza zu begnügen.

Tagtäglich stehen Kunden weltweit millionenfach vor dieser oder einer ähnlichen Entscheidung. Denn sie befinden sich beim Einkauf im klassischen Supermarkt in einem Dilemma. Laut der PwC Global Consumer Insights Survey 2018 [44] kaufen rund um den Globus nach wie vor 44 % der Kunden mindestens einmal wöchentlich in klassischen Geschäften ein, da es durch Anfassen, Ausprobieren und persönliche Beratung durch Angestellte sowie Inspiration aus der Angebotspalette des Ladens ein „aktives Einkaufserlebnis" verspricht. Gleichzeitig gehört der Bezahlvorgang an der Kasse nach wie vor zu den größten Unannehmlichkeiten, den man mit den verschiedensten Mitteln zu verkürzen versucht – beispielsweise durch Angebote wie Vorausbestellungen, In-Store-Apps oder mobiles Bezahlen, die von 50 % der Befragten regelmäßig genutzt werden. Dazu kommt, dass in Zeiten des Online-Shoppings der Kunde an einen bedeutend schnelleren und angenehmeren Checkout gewöhnt ist, als die klassische Kassenschlange ihm bieten kann. Damit entsteht das Paradox, dass die Konsumenten einerseits das Einkaufserlebnis im „Brick & Mortar Store" (reale Geschäftsräume, zum Beispiel klassisch aus Ziegelstein und Mörtel) genießen und sich gleichzeitig nach der Einfachheit des Online-Shops sehnen – das *Komfort-Dilemma* ist perfekt.

Um dieses Dilemma aufzulösen, hat man vor allem einem Feind den Kampf angesagt: Der Kassenschlange. Bisherige Ansätze, um Kassenschlangen zu verkürzen, bestehen im Beschleunigen des Bezahlvorgangs (z. B. *Tap&Go* via Karte oder Smartphone-App) oder dem Verteilen des Kundenstroms auf eine Batterie von Self-Checkout-Terminals. Insbesondere Self-Checkout ist gegenwärtig ein viel beachteter Trend mit weltweit bereits über 200.000 eingesetzten Geräten und einem prognostizierten Anstieg auf 325.000 bis 2021 [45]. Doch trotz ihrer aufgrund der massiven Kosteneinsparung im Betrieb steigenden Popularität bei Händlern stehen sie insbesondere auf der Kundenseite häufig in der Kritik: Mangelnde intuitive Bedienbarkeit und fehleranfällige Bedienung erwecken im schlimmsten Fall den Eindruck, dass auf Kosten des Kundenkomforts gespart wird. Das Risiko ist, dass dadurch die Kundenloyalität gegenüber dem Händler langfristig negativ beeinflusst werden kann.

Im Gegensatz zum *Self-Checkout,* welcher lediglich eine Beschleunigung des Registrierungs- und Bezahlprozesses zum Ziel hat, ist der sogenannte *Just-Walk-Out* ein wesentlich radikalerer Ansatz. Das Ziel von *Just-Walk-Out-Technologien* ist, die Kassenschlange komplett überflüssig zu machen, indem die Warenkorbverfolgung vollautomatisiert während des Einkaufens geschieht und der Bezahlvorgang automatisch beim Verlassen des Geschäfts erfolgt. Mitte der 2000er Jahre wurden erste Implementationen von Just-Walk-Out-Stores mittels RFID-Chips konzipiert [46]. Diese konnten sich am Markt aufgrund der hohen Kosten für den Druck der RFID-Etiketten, bislang allerdings nicht durchsetzen.

Durch die günstige Verfügbarkeit digitaler Kamerasensorik und den Siegeszug der künstlichen neuronalen Netze in der Signalverarbeitung, hat die Idee des Just-Walk-Out-Stores neuen Auftrieb erhalten: Insbesondere im Bereich *Computer Vision* – einem Teilbereich der Künstlichen Intelligenz, welcher sich mit dem Verstehen von Bildern und Videos durch Computer beschäftigt – wurden enorme Fortschritte erzielt. Die Fehlerraten von Computern bei der Bildklassifikation und der Objekterkennung, welche jährlich anhand der *ImageNet-Challenge* [47, 48] gemessen werden, haben sich in den letzten fünf Jahren drastisch reduziert und inzwischen sogar menschliche Fähigkeiten übertroffen. Diese technologischen Durchbrüche ermöglichten es, den Just-Walk-Out-Store komplett neu zu denken: Anstatt kostenintensiver, nicht wiederverwendbarer RFID-Etiketten zur Identifizierung von Artikeln in Warenkörben, kann ein Store *einmalig* mit intelligenter Kamerasensorik ausgerüstet werden. Diese Sensoren werden mittels *maschinellem Lernen* darauf trainiert, alle Produkte des Stores zu kennen und die Artikel, welche Kunden in ihre Warenkörbe legen, automatisch zu identifizieren. Die Preise werden automatisch von einem Shop-System summiert und der Gesamtbetrag von einem hinterlegten Konto abgebucht, sobald der Kunde den Store verlässt. Pionier auf diesem Gebiet ist der Internethändler Amazon, welcher im Jahr 2016 den ersten Just-Walk-Out-Store in Seattle eröffnete [49, 50, 69] und diesen über ein Jahr lang als Pilotprojekt betrieb, um die Technologie für den Masseneinsatz zu perfektionieren.

Zwei zentrale technische Herausforderungen müssen in einem Just-Walk-Out-Store gelöst werden: 1) Die permanente Identifizierung des Kunden; und 2) die lückenlose Erkennung von Kundeninteraktionen mit Artikeln (vgl. Abb. 1.3).

Die Identifizierung der Kunden muss während des gesamten Einkaufs gewährleistet sein, um jede Artikelentnahme richtig zuzuordnen und abzurechnen. Beim Betreten des Shops kann sich der Kunde per Smartphone-App authentifizieren (ähnlich zu Tap&Go Bezahl-Apps beim bisherigen Checkout) und eine Kamera am Eingang erfasst sein Aussehen. Es werden allerdings keine Farbbilder oder Gesichtsmerkmale gespeichert, sondern lediglich ein farbloses und für den Menschen anonymes „Tiefenbild". Mittels sogenanntem „Tiefen-Tracking" kann ein Computer dann Personen anhand ihrer Statur und Bewegungen voneinander unterscheiden. Diese Technologie wurde ursprünglich für medizinische Anwendungen (z. B. in Pflegeeinrichtungen) entwickelt und kommt auch hier zum Einsatz, um eine Identifikation zu gewährleisten und gleichzeitig die Privatsphäre des Kunden zu schützen. Während des Einkaufens dient die Smartphone-App als zusätzliches Orientierungsmerkmal für den Shop und ist gleichzeitig ein Interface, auf welchem der Kunde jederzeit seinen gegenwärtigen Warenkorb einsehen kann.

Interaktions- und Artikelidentifizierung greifen ineinander, sobald ein Kunde vor einem Regal steht, um einen Artikel zu entnehmen. In einem Just-Walk-Out-Store sind Artikelregale mit RGB-D-Kameras bestückt, welche gleichzeitig ein Farb- und ein Tiefenbild aufzeichnen, um eine nahezu räumliches Abbild der Szene zu erstellen. Im Gegensatz zu aufwendig kalibrierten Stereo-Kameras sind infrarotbetriebene RGB-D-Kameras äußerst erschwinglich, wie Microsofts Erfolgsbeispiel Kinect für die Xbox-Spielkonsolen gezeigt hat. Zusätzlich kommen Drucksensoren und Waagen zum Einsatz, um Bewegungen und Artikelgewichte zu messen. Damit die Kameras und Sensoren Artikel erkennen können, müssen ihre Erkennungsalgorithmen (in der Regel künstliche neuronale Netze) vor dem Einsatz mit Produktbildern und -informationen aus der Artikeldatenbank des Stores trainiert werden. Dieser Trainingsprozess ist rechenintensiv und muss auf spezialisierter Hochleistungs-Hardware erfolgen (meist auf Clustern

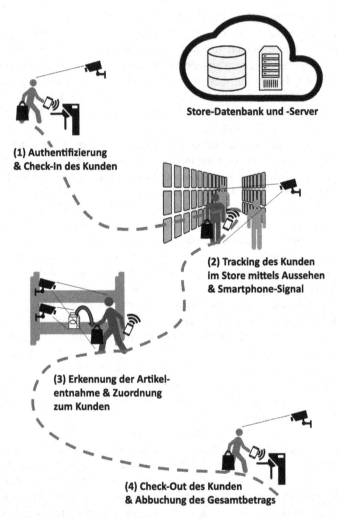

Abb. 1.3 Kundendurchlauf durch einen Just-Walk-Out-Store. (Quelle: Oliver Groth, Dalaran AI-Consulting, 2018) Der Kunde authentifiziert sich am Eingang per Smartphone-App (1). Sein Aussehen und sein Smartphone werden dabei temporär mit seinem Account verknüpft und dienen als Tracking-Merkmal, während er sich im Store befindet und unterscheiden ihn von anderen Kunden (2). An den Warenregalen erkennt ein System von Sensoren zusammen mit der Inventardatenbank des Stores die entnommenen Artikel (3). Am Ausgang des Stores wird der Kunde ausgecheckt und der Betrag seiner Artikel wird von einem hinterlegten Konto abgebucht. Während des gesamten Durchlaufs kommunizieren die Sensoren des Stores mit einem Server und einer zentralen Datenbank, über welche Kunden und Artikel erkannt und verfolgt werden und der Einkaufsprozess verwaltet wird (analog zum Shopsystem eines Online-Shops)

aus sogenannten GPUs). Sind die Parameter der Netzwerke aber erst einmal eingestellt, können sie selbst auf rechenschwachen Endgeräten ausgeführt werden und in Echtzeit Aktionen klassifizieren oder Produkte erkennen. In Kombination mit Informationen des Regals selbst (es ist beispielsweise bekannt, welcher Artikel in welchem Regalfach steht) kann so eine akkurate Erfassung der Artikelentnahme erfolgen.

Die Installation intelligenter Sensorik in einem Store ermöglicht allerdings nicht nur eine Abschaffung der Kassenschlange und damit ein komfortableres Einkaufserlebnis für den Kunden, sondern eröffnet auch neue Möglichkeiten in der Store-Verwaltung und bei den Routinearbeiten der Mitarbeiter. Amazon-Konkurrent Walmart setzt seit November 2017 in 50 seiner US-Stores autonome Roboter ein [51], welche, ausgestattet mit vergleichbarer Kamerasensorik wie die Regale in Amazons Just-Walk-Out-Stores, durch die Gänge der Geschäfte patrouillieren. Ihre Aufgabe ist es, falsche Preisschilder oder ausverkaufte Artikel zu finden und dann einen Mitarbeiter zu informieren, der sich dieses Problems annimmt. Bis zum März 2018 hat Walmarts *Bot-Brigade* bereits 2000 In-Store-Meilen zurückgelegt [52] und war dabei 50 % produktiver als ihre menschlichen Kollegen beim Erledigen der Aufgaben. Dies hat aber keine Ängste unter der Belegschaft über einen drohenden Arbeitsplatzverlust geschürt. Im Gegenteil: Durch die Entlastung dieser bisher eher lästigen Routinearbeiten wurde die Belegschaft sogar schnell zum aktiven Fürsprecher der neuen Roboter-Kollegen [53].

Denn trotz der gestiegenen Automatisierungsmöglichkeiten, welche Kamerasensorik, maschinelles Lernen und Robotik bieten, sollte man keinesfalls dem Trugschluss oder der Befürchtung erliegen, dass ein „intelligenter", automatisierter Store komplett ohne Personal auskommt. Obwohl für viele Kunden wie eingangs erwähnt die Vermeidung einer zähen Kassenschlange wichtig ist, sind es gleichzeitig die sozialen Komponenten (persönliche Beratung oder das Treffen anderer Menschen), welche das In-Store-Einkaufserlebnis erstrebenswert machen. Ein komplett personalfreier Store kann daher sogar den komplett entgegengesetzten Effekt haben und Menschen abschrecken: Studien haben gezeigt, dass Menschen eher bereit sind, einer Technik zu vertrauen, wenn diese eine empathische Benutzerschnittstelle (Interface) besitzt, welche ihre eigenen soziokulturellen Normen reflektiert [54]. Aus diesem Grund sind auch die Self-Checkout-Terminals für viele Kunden ein zweischneidiges Schwert, da sie zwar einerseits die Wartezeit beim Checkout verkürzen, aber dem Kunden gleichzeitig ein mitunter frustrierend kompliziertes, technisches Interface vorsetzen, welches bei ihm Unverständnis und Unbehagen auslöst.

Die Möglichkeiten, die sich durch Künstliche Intelligenz im automatisierten Store ergeben, sollten daher nicht ausschließlich als Werkzeuge zur Effizienzsteigerung verstanden werden, sondern vor allem als Chance, die Aufgabenverteilung zwischen Menschen und Maschinen neu zu justieren: Die Stärken von Maschinen liegen in ihrer Schnelligkeit, Präzision und unerschöpflichen Ausdauer für vor allem auch monotone Tätigkeiten. Diese Eigenschaften sind komplementär zu denen von Menschen, welche in Kommunikation, Empathie und kreativer Situationsbezogenheit nach wie vor jeder Maschine überlegen sind. Während KI die wiederkehrenden Routinearbeiten übernimmt und die Effizienz beim Einkaufen bei Kunden und Verkäufern steigert, entstehen für alle Beteiligten gleichzeitig viele Freiräume, um das Einkaufserlebnis komfortabler und persönlicher zu machen. Eine intelligente Auflösung des Kunden-Dilemmas – ermöglicht durch die Künstliche Intelligenz des Stores selbst.

1.5   KI zur Verbesserung der Customer Experience: Chatbot-Dialogsysteme

Nach einer Definition des Webportals ‚ITwissen.info' basieren Chatbots auf Künstlicher Intelligenz und Künstlicher Persönlichkeit und sollen die Denk- und Verhaltensweise eines Menschen nachahmen. Chatbots können sprach- und textorientiert arbeiten. Sie benutzen Lernalgorithmen, um ihre natürliche Sprache und Ausdrucksform zu verbessern und um den Gesprächspartner besser zu verstehen. Außerdem greifen sie auf große Wissensdatenbanken und Antwortmuster zu. Antworten, die ein Chatbot auf Fragen des Gesprächspartners geben kann, werden vorher im sogenannten „Pre-processing" geübt. Chatbots werden unter anderem im Instant-Messaging und in Online-Spielen eingesetzt, aber auch in digitalen Sprachassistenten und in Conversational User Interfaces (CUI). Sie werden auch als virtuelle Assistenten, virtuelle Agenten oder Smart Advisors bezeichnet [55].

Obwohl Händler wie Lidl, aber vor allem auch große Unternehmen anderer Branchen wie Lufthansa oder Opel sowie Markenhersteller wie Dr. Oetker bereits Chatbots einsetzen, ist die Lage in diesem Bereich im Frühjahr 2018 noch sehr unübersichtlich. Hinzu kommt, dass einschlägige Studien und Umfragen zu diesem Thema sehr widersprüchlich sind. So meldete der IT-Branchenverband Bitkom als eines der zentralen Ergebnisse einer repräsentativen Befragung von Personen ab 14 Jahren in Deutschland im November 2016, dass generell „jeder vierte" Verbraucher Chatbots nutzen will [56]. Im Detail wollen fast zwei Drittel (64 %) der Befragten Chatbots nutzen, um Veranstaltungstickets wie Kino- und Theaterkarten zu reservieren oder zu kaufen. Für Recherchen beim Online-Shopping möchten 58 % Chatbots nutzen – zum Beispiel bei der Suche nach bestimmten Produkten oder für die Buchung von Reisen, Flügen, Zugfahrten oder Hotels. Andererseits sind für 47 % der Befragten Chatbots uninteressant, weil sie die Technologie noch nicht für ausgereift halten. Nach Timm Lutter, Bitkom-Bereichsleiter für Consumer Electronics und Digital Media, befinden sich viele Chatbots noch in der Entwicklungsphase. Allerdings würde sich die natürliche Spracherkennung schnell entwickeln und fortgeschrittene Systeme seien bereits jetzt lernfähig und können Inhalte verstehen und bewerten [56].

Aber auch rund eineinhalb Jahre nach der Bitkom-Befragung sind computergesteuerte Sprachdialogsysteme hierzulande in der Breite noch längst nicht beim Verbraucher angekommen. Lediglich einer von zehn Deutschen hat schon mindestens einmal mit einem Chatbot kommuniziert und zwei von fünf Befragten hätten zumindest schon von der Technologie gehört, heißt es in einer Studie, die die Media-Agentur Dentsu Aegis im Februar 2018 veröffentlichte [57]. Für diese Untersuchung ließ die Agentur eigenen Angaben zufolge mehr als 6000 Personen zwischen 15 und 64 Jahren befragen. Telefonische Dialogsysteme, Figuren in Computerspielen oder persönliche Assistenten wie Alexa, Siri oder Cortana wurden in der Studie allerdings noch nicht berücksichtigt.

Damit bestätigt die Studie ähnliche Erkenntnisse einer YouGov-Untersuchung aus dem September 2017, in der das Marktforschungs- und Beratungsinstitut zu dem Ergebnis kam, dass 69 % der Deutschen noch nie von dem Begriff "Chatbot" gehört haben. Immerhin: Rund die Hälfte der Deutschen stünde einem Unternehmens-Chatbot grundsätzlich offen gegenüber, hieß es damals. Die meisten schätzen zum Beispiel den Vorteil, nicht an Öffnungszeiten gebunden zu sein oder in Warteschleifen am Telefon festzuhängen, berichtete das Webportal horizont.net [58].

„Konkrete Anfragen ans Kundenservicecenter" war die in der Dentsu-Aegis-Untersuchung am häufigsten gewünschte Interaktionsform mit einem Chatbot. Befragte, die schon mit Chatbots kommuniziert haben, geben aber auch Neugier (33 %) und Zeitvertreib (25 %) als Motive an. Die Befragten waren überwiegend männlich (65 %) und tendenziell jünger (Durchschnittsalter: 32 Jahre).

32 % der Umfrageteilnehmer haben positive Erfahrungen mit den Chatbot-Programmen gemacht, 14 % negative. Der Großteil (55 %) bewertet das Erlebnis mit den Bots jedoch als ambivalent, konnte also weder durchgehend positive noch durchgehend negative Erfahrungen sammeln.

Der pöbelnde Microsoft-Bot aus dem Jahr 2016
Mit welchen Anfangsschwierigkeiten selbst ein IT-Gigant wie Microsoft beim Test der Chatbot-Technologie im Jahr 2016 konfrontiert wurde, beschreibt

Thomas Dreikauss auf dem Online-Portal ,it4retailers.de': „Tay, ein Microsoft-Chatbot mit Künstlicher Intelligenz, sollte im Netz lernen, wie junge Menschen reden. Nach wenigen Stunden musste der Versuch abgebrochen werden, weil Tay von Twitter-Nutzern mit rassistischen Inhalten gefüttert wurde und sich dann pöbelnd durchs Netz bewegte", beschreibt der Autor in seinem im Februar 2018 veröffentlichten Beitrag „Künstliche Intelligenz als Produktivitätsfaktor" [59].

Doch nach welchen Kriterien sollen Handelsunternehmen KI-Lösungen für den Kundenservice evaluieren? Für die Einführung eines Chatbots empfiehlt Dreikauss deshalb den Auftraggebern: „Achten Sie darauf, dass in der Lösung echte Künstliche Intelligenz zum Einsatz kommt, die grundsätzlich lernfähig ist."

Genauso wichtig wie die Lernfähigkeit eines Chatbots ist aber auch das kontextuelle Verständnis der KI-Software dahinter. Denn die Zukunft der Chatbots und anderer intelligenter persönlicher Assistenten hängt in entscheidendem Maße davon ab, wie natürlich, flüssig und natürlich auch fehlerfrei dieser mit dem Anwender kommunizieren kann.

Notwendig ist die Entwicklung von kontextuellem Verständnis, damit ein echtes Gespräch oder eine nützliche Interaktion mit dem virtuellen Assistenten möglich wird. Er muss einen Bezug zum bereits Gesagten herstellen können und schwierige Nuancen erfassen [60]. Die Verbesserung des kontextuellen Verständnisses ist also einer der Schlüssel zum Erfolg solcher Systeme, da sie dann eine Interaktion ermöglichen können, die mit der menschlichen vergleichbar wird.

Beispiele für Künstliche Intelligenz im Handel

2

2.1 Amazon Go

Branchenbeobachter bezeichneten Amazon als den *Retail-Influencer* des Jahres 2017 [61]. Die kontinuierliche Verbreitung des Bezahldienstes Amazon Pay und der Heim- und Shopping-Assistentin Alexa spielten dabei ebenso eine Rolle wie die Akquisition des US-Lebensmittelhändlers WholeFoods. Doch nirgendwo ist die Digitalisierung des klassischen Retails deutlicher sichtbar als in den Amazon Go-Pilotstores.

Amazon Go ist als Lebensmittelgeschäft für den typischen Großstadteinkauf konzipiert – im Sortiment befinden sich frische Lebensmittel, Getränke und fertig zubereitete Snacks. Doch im Gegensatz zu vergleichbaren Geschäften kommt der Amazon Go Store komplett ohne Kassenschlange aus. Der Kunde authentifiziert sich am Eingang per App mit seinem Amazon-Account. Der Store verfolgt mittels intelligenter Kameras dann selbstständig den Einkauf des Kunden, erfasst die entnommenen Artikel und bucht den Gesamtbetrag automatisch vom Amazon-Konto ab, sobald der Kunde den Laden wieder verlässt. Amazon Go ist das Ergebnis mehrjähriger unternehmensinterner Forschung und Expertise aus der Computer Vision und Robotik Community, welche Amazon seit 2015 jährlich in der *Amazon Picking Challenge* zusammenbringt [62]. Der erste Amazon Go Store eröffnete 2018 in Seattle [63] nachdem er zuvor 14 Monate als internes Pilotprojekt betrieben wurde, um die Technik auszureifen.

Dieser radikale Ansatz zur kompletten Abschaffung der Kassenschlange mittels sogenannter *Just-Walk-Out-Technologie* könnte den Einzelhandel revolutionieren, da er, im Gegensatz zu vorherigen Konzepten basierend auf RFID-Etiketten, kostengünstig skalierbar ist [64]. Dennoch ist die Dynamik dieser Technologie nicht vergleichbar mit zum Beispiel der Einführung neuer Bezahlmethoden oder

© Springer Fachmedien Wiesbaden GmbH, ein Teil von Springer Nature 2018
R. Gläß, *Künstliche Intelligenz im Handel 2 – Anwendungen,* essentials,
https://doi.org/10.1007/978-3-658-23926-8_2

Self-Checkout-Terminals. Der Grund dafür ist, dass ein bestehender Store nicht einfach mit Sensoren nachgerüstet werden kann, sondern rund um die Sensoren konzipiert werden muss. Dazu kommt, dass dieses Konzept bislang in eher kleineren Geschäftstypen mit einer stark reduzierten Auswahl von Artikeln erprobt wird und bereits dabei an Grenzen gestoßen ist. Hinzu kommen gegenwärtig auch rechtliche Unklarheiten wie etwa der Schutz der digitalen Privatsphäre des Kunden oder die Verantwortlichkeit bei Abrechnungsfehlern des Systems [65]. Auch muss die Akzeptanz der Technik beim Kunden behutsam ausgelotet werden, damit sie nicht als zu futuristisch oder gar bedrohlich wahrgenommen wird.

Dennoch hat die Just-Walk-Out-Technologie das Potenzial, sich wirtschaftlich zu etablieren. Die Intelligenz des Stores beruht auf selbstlernenden Sensoren und Algorithmen, welche sich konstant verbessern. Die Nutzungsdaten, die Amazon in seinen Pilot-Stores sammeln kann, bieten einen kompetitiven Vorteil beim Training der Systeme. Mehr Daten führen zu besseren Services, diese zu mehr Kunden und diese wiederum zu mehr Daten – die *The-Winner-Takes-It-All Spirale* der Internetökonomie kann auf diese Weise auch im klassischen, stationären Handel angewendet werden und macht es für Mitbewerber erforderlich, in ähnliche Technologien zu investieren, um bei der datengetriebenen Verbesserung der Services Schritt zu halten.

2.2   Walmarts Botbrigade

Im Zuge der digitalen Transformation tritt der klassische Einzelhandel zunehmend in Konkurrenz mit etablierten Digitalkonzernen, da sich durch digitale Vertriebskanäle und automatisierte Logistik sowie das Drängen vieler Pur-Online-Player in den stationären Handel viele Schnittmengen ergeben. Die Fortschritte in maschinellem Lernen, welche seit 2010 zu einem konstanten Strom von neuen Anwendungen in der Sprach- und Bildverarbeitung sowie in der Robotik führen, ermöglichen es jedoch auch dem klassischen Einzelhandel, sich in Bereichen wie Prozessautomatisierung und Kundenservice neu zu erfinden.

Im Jahr 2017 hat sich vor allem Walmart als digitalaffiner Handelskonzern weiter profiliert [66]: So experimentierte der weltgrößte Einzelhändler in den USA unter anderem mit *Virtual Reality Headsets* bei der Weiterbildung von Mitarbeitern [67] oder präsentierte einen Prototyp für *VR-Shopping* [68]. Das erfolgreichste von Walmarts Experimenten war aber mit Sicherheit der Einsatz der *Shelf-Scanning Robots* [69]: Die ca. 65 cm hohen, fahrenden Roboter verfügen über eine regalhohe Kamerasäule und patrouillieren selbstständig durch die Gänge der Geschäfte. Dabei scannen sie die Regale und erkennen, wenn Artikel vergriffen sind, am falschen

Platz stehen oder falsch beschriftet wurden. Sie melden die Fehler an den nächsten Mitarbeiter, welcher sie anschließend manuell behebt. Die Roboter sind dabei rund 50 % produktiver als ihre menschlichen Konterparts und scannen die Regale mit höherer Präzision in nur einem Drittel der vorher benötigten Zeit. Die ersten Testergebnisse waren derart erfolgreich, dass Walmart die Technologie Ende 2017 bereits auf 50 weitere Stores in den USA ausgerollt hat [70].

Um technische Expertise und Infrastruktur-Know-how zu bekommen, hat Walmart strategische Partnerschaften in der Technologiebranche gesucht, unter anderem mit Google [71] und dem Robotik-Startup Bossa Nova [72]. Damit untermauert Walmart seine Anstrengungen, sich langfristig digital neu zu erfinden und adressiert vor allem zwei strategische Ziele: Zuerst schafft die Automatisierung von Verwaltungsaufgaben neue Freiräume für Mitarbeiter. Diese sollen für eine persönlichere Kundenbetreuung genutzt werden und das Einkaufen für die Kunden des Unternehmens angenehmer und effizienter machen. Darüber hinaus ermöglicht die behutsame Einführung von Robotik die Kommunikation mit Kunden und Belegschaft über die Vorteile der Technologie und hilft, Ängste vor Automatisierung und Überwachung auf allen Seiten abzubauen. Durch die Entlastung von lästigen Routinearbeiten wurden Walmarts Mitarbeiter in der Folge sogar zu aktiven Fürsprechern ihrer neuen Roboterkollegen [73] und erklären den Kunden aktiv die neue Technik und ihre Vorzüge. Insbesondere der letzte Punkt sollte dabei nicht unterschätzt werden. Denn der zu frühzeitige Einsatz von Künstlicher Intelligenz in nicht ausgereiften Anwendungen kann für eine Firma schnell zum Image-Schaden führen. Wie die Erfahrungen von Walmart zeigen, hat die gewählte Vorgehensweise sehr gut funktioniert und die Akzeptanz der Robotiksysteme, zuerst bei den Mitarbeitern und im Anschluss bei den Kunden langsam aber kontinuierlich gesteigert.

2.3   OTTO

Nachdem der Vertrieb bei OTTO jahrzehntelang über Produktkataloge erfolgte, wurde 1995 mit der Einführung des Online-Shops ein wichtiger Baustein für den heutigen Erfolg des Händlers gelegt. Heute gehört OTTO zu den erfolgreichsten E-Commerce-Unternehmen Europas [74]. Zum Erfolg hat unter anderem die Nutzung Künstlicher Intelligenz (KI) entscheidend beigetragen. Sie ermöglicht dem Unternehmen die notwendige Skalierbarkeit des Geschäftsmodells, sodass es flexibel auf Veränderungen im Markt und Konsumentenverhalten reagieren kann. Um die Wünsche der Kunden bestmöglich zu erfüllen, greift das Unternehmen auf Algorithmen zurück, die Prozesse erleichtern und skalierbar machen sowie eine gute Prognose zukünftiger Nachfrage- oder Bedarfsentwicklungen ermöglichen. Dadurch ist OTTO in der Lage, sich selbst auf der Basis von Daten zu optimieren, ohne dass eine manuelle Datensammlung und -auswertung erforderlich ist [75].

Mit KI das Einkaufserlebnis der Endkunden verbessern OTTO nutzt KI, um den Erwartungen seiner Kunden, insbesondere an das Angebot, die Warenverfügbarkeit und Lieferzeit, gerecht zu werden und ihre Zufriedenheit an den verschiedenen Touchpoints der Customer Journey zu steigern. Hierfür gilt es zu verstehen, was zu welchem Zeitpunkt für jeden einzelnen Kunden relevant ist: Ist er schon dabei etwas zu bestellen oder informiert er sich nur, ist er offen für Anregungen oder hat er beispielsweise nur eine Frage zu einem Service? Anschließend werden die gesammelten Informationen mit ähnlichen Profilen abgeglichen, wodurch OTTO seine Beratungsinhalte und Prozesse (zum Beispiel im After Sales) besser skalieren kann. KI unterstützt OTTO somit unter anderem dabei, Kaufwahrscheinlichkeiten und Bedarfe besser zu prognostizieren und Kunden ein angenehmes Einkaufserlebnis zu bieten [75]. Dabei ist für OTTO das Thema Datenschutz von großer Bedeutung. Das Unternehmen achtet sehr genau auf die gesetzlichen Anforderungen, um die gute Reputation nicht zu gefährden und im Sinne seiner Kunden zu handeln. Kennen OTTO-Kunden die Gründe für die Angabe persönlicher Daten und wissen, dass sie dadurch von besseren Angeboten profitieren, stellen sie diese erfahrungsgemäß gerne zur Verfügung [76].

KI ermöglicht intelligent gefilterte Produktempfehlungen und Suchergebnisse Um Kunden ein besseres Einkaufserlebnis zu bieten, hat OTTO KI zunächst für Produktempfehlungen und die Steuerung von Suchergebnissen eingesetzt [75]. Das Unternehmen hat frühzeitig erkannt, dass die Bedeutung von Kundenbewertungen bei der Informationssuche zunimmt – insbesondere in der Branche Consumer Electronics und Elektro [77]. Doch bei der Kaufvorbereitung steht Konsumenten meist eine große Bandbreite an Kundenrezensionen zur Verfügung, die kaum erfassbar ist. Um diese Informationen zu bündeln, identifiziert ein von OTTO selbst entwickelter Algorithmus die am häufigsten genannten Aspekte sowie deren Tonalität. Dadurch ist es möglich, unter der Produktbeschreibung die zehn am häufigsten genannten Suchbegriffe anzuzeigen. So können Kunden aus der Vielzahl an Bewertungen die relevantesten Informationen herausfiltern und gelangen schnell an die gewünschten Informationen (vgl. Abb. 2.1). Dies bietet OTTO-Kunden zudem mehr Convenience und minimiert die Wahrscheinlichkeit eines Kaufabbruchs [78].

Kundenbewertungen   ☆ Artikel bewerten

★★★★⯪ (1931) anzeigen ⟩

94% aller Bewerter würden diesen Artikel weiterempfehlen.

5 Sterne	(1433)
4 Sterne	(372)
3 Sterne	(40)
2 Sterne	(23)
1 Stern	(63)

Kunden äußerten sich häufig zu folgenden Themen:

Waschleistung (491)   Bedienung (425)   Lieferung (318)   Preis (280)   Programme (141)   läuft (132)

Schleudern (58)   sieht (45)   Qualität (42)   Aufbau (23)

★★★★★ **Super Waschmaschine!**
1 von 1 Kunden finden diese Bewertung hilfreich.

Wichtiger Hinweis!!! Bei unterbaufähigen Waschmaschinen bitte selbst darum kümmern, dass jemand kommt, der sie anschließt. Denn trotz kostenlosen Anschluss-Service (wie es hier angepriesen wird), schließt HERMES sie ihnen nicht nicht an!!! Die dürfen NUR freistehende Waschmaschinen anschließen!
Liebes OTTO-Team, darauf solltet ihr eure Kunden vor der Bestellung einer unterbaufähigen Waschmaschine netterweise hinweisen.
Dann besteht HERMES darauf, dass die alte Waschmaschine knochen-trocken ist, damit sie die überhaupt mitnehmen, aber packen die neue aus und schütten dabei eine riesige Lache Prüfwasser auf den Laminat und verdrehen die Augen, weil ich es sofort weg wische, damit der Fußboden nicht aufquillt!!
Otto hat wie immer toll reagiert.
Hermes unter aller Sau!
Waschmaschine top! Super leise.

von **einer Kundin** aus Schortens 17.04.2018
Bewerteter Artikel: **Farbe:** weiß , **Garantie:** 24 Monate gesetzl. Gewährleistung

Ist diese Bewertung für Sie hilfreich?   Ja   Nein   Bewertung melden

Abb. 2.1 Kundenbewertungen auf. (OTTO.de)

Mithilfe von KI werden auch die Suchergebnisse auf OTTO.de nach ähnlichen Artikeln gefiltert. Auf der Suche nach einem neuen Bikini erkennt der Algorithmus beispielsweise wonach der Interessent sucht und schlägt weitere Bikinis vor. Dafür muss der Algorithmus jedoch wissen, welche Ähnlichkeit der Produkte in diesem Moment für den Kunden relevant ist. Da es bisher nur wenige sogenannte vortrainierte Bilder im Markt gab, musste OTTO viele Algorithmen selber weiterentwickeln. Dazu wurden zunächst sämtliche Metadaten eines Bildes von Mitarbeitern vermerkt und in den Algorithmus eingespeist. Durch KI war es anschließend möglich diese Bilderkennung deutlich schneller durchzuführen. So können auch Styles vorgeschlagen und individuelle Werbekampagnen geschaltet werden. Zudem hilft KI bei der Qualitätssicherung, da die Darstellung vereinheitlicht wird und geprüft werden kann, ob Text und Bild zusammengehören oder verbotene Inhalte gezeigt werden [79]. Die technologische Basis, also unterschiedliche Business-Intelligence-Systeme, entwickelt OTTO dabei selber. Fremdanbieter kommen nicht mehr zum Einsatz [75].

In welchen internen Bereichen KI bei OTTO bereits Anwendung findet Heute gibt es immer mehr Bereiche bei OTTO, in denen Skalierung nur noch durch automatisierte Systeme möglich ist [75]. Einer davon ist die dynamische Preisgestaltung mittels KI, die OTTO bereits umsetzt. Entscheidend ist, den optimalen Produktpreis in jedem Stadium des Produktlebenszyklus zu kennen und den Kunden anzubieten

[80]. Da Produktpreise jedoch von verschiedenen Einflussfaktoren abhängig sind, helfen Algorithmen OTTO dabei umsatz- oder gewinnsteigernde Preise über die gesamte Saison automatisiert festzulegen [81].

Der Einsatz von KI zur Vereinfachung interner Prozesse steht hingegen noch am Anfang. OTTO sieht beispielsweise einen hohen Nutzen in intelligenter Logistiksteuerung – ein Thema, das im gesamten deutschen Markt aktuell von hoher Relevanz ist [75]. Um während der Saison die Warenverfügbarkeit sicherzustellen und zum Saisonende die Restbestände gering zu halten sowie insgesamt bessere Absatzprognosen durchzuführen, setzt OTTO bereits auf eine KI-Lösung. Aber auch die Lieferzeit ist ein wichtiges Erfolgskriterium, da OTTO nicht nur die Lieferung der Eigenmarken, sondern auch das Sortiment der Handelspartner des Marktplatzes steuert. OTTO hat es durch den Einsatz von KI geschafft, die Lieferzeiten der Fremdmarken an die der Eigenmarken anzupassen. Wurden Kundenbestellungen auf OTTO.de vorher noch an die Handelspartner weitergegeben, von diesen an das OTTO-Lager gesendet und dann an den Kunden geschickt, gehen die Produkte heute häufig ohne Einlagerung an den Kunden. Dies erfordert genaue Prognosen der Warenströme. Aber auch auf die Disposition bei OTTO hat KI schon einen positiven Einfluss: Dadurch, dass die Bestellungen gut mit den vorhergesehenen Kundenwünschen übereinstimmen, konnte die Anzahl der Retouren gesenkt werden. Zudem können so pro Sendung mehr Artikel zusammengefasst werden, was die Versandkosten reduziert [82].

Ein weiteres interessantes Anwendungsgebiet sieht OTTO in der Betrugserkennung, da kriminelle Aktivitäten im Netz zunehmend automatisiert stattfinden. KI kann helfen diese Verhaltensmuster zu erlernen und Angriffe somit schneller zu erkennen. Zukünftig soll KI OTTO auch bei der Aufdeckung von Betrugsszenarien und der intelligenten Bearbeitung dieser helfen. Auch im Rahmen der Customer Journey sind weitere Einsatzmöglichkeit von KI zu sehen: In Zukunft soll die Betrachtung der Kanäle weniger isoliert stattfinden und eine bessere Prognose möglich sein, was für den User beim nächsten Klick oder Besuch relevant ist [75].

Erfolgskriterium: Mitarbeiter auf der Reise mitnehmen Auf dem Weg hin zum innovativen Onlinehändler hat jedoch nicht die Technologie, sondern der Mensch OTTO vor eine große Herausforderung gestellt. Denn dadurch, dass die KI Aufgaben übernommen hat, die vorher noch von den Mitarbeitern ausgeführt wurden, hat sich die Unternehmenskultur bei OTTO ein Stück weit verändert. Denn wenn Algorithmen Arbeitsschritte übernehmen, ist es für Menschen schwieriger nachvollziehbar, was tatsächlich passiert. Dieser vermeintliche Kontrollverlust führte auch bei OTTO immer wieder zu Widerständen in der Belegschaft. Um diesen entgegen zu wirken, hat OTTO einen Weg gefunden seine Mitarbeiter am Transformationsprozess teilhaben zu lassen. Das Unternehmen hat ein Dashboard entwickelt, das es den Mitarbeitern ermöglicht zu sehen, welche Daten im Online-Shop erhoben werden, wenn sie sich selbst auf diesem bewegen und was mit diesen Daten gemacht wird. Dadurch können die Mitarbeiter besser nachvollziehen, was hinter der Technologie steckt, sodass Vorbehalte reduziert und das Vertrauen in die Technologie gesteigert wird [75]. KI stellt also weniger eine Bedrohung für die Arbeitsplätze dar. Im Gegenteil: KI hilft dabei die Prozesse zu optimieren und ermöglicht den Mitarbeiter so die Wünsche der Kunden besser zu bedienen sowie mehr Zeit in strategische Aufgaben zu investieren, was dem Unternehmen als Ganzes zu Gute kommt [76].

OTTO sieht sich künftig als Technologielieferant In Zukunft möchte der ehemals reine Katalogversender sein Geschäftsmodell weiter ausbauen. Im Fokus soll dann nicht mehr nur der Verkauf von Waren stehen, sondern auch die Bereitstellung von Technologie. Ein Aspekt, der in der „amazonisierten" und digitalisierten Welt immer entscheidender wird. Als technologiegetriebenes Unternehmen will OTTO deswegen zukünftig Wissen, Empfehlungen und Algorithmen sowie den kompletten technischen Support anbieten, um die Bedürfnisse von Endkunden und Anbietern zu erfüllen und diese beiden Seiten zusammenzubringen.

2.4   Markdown Pricing für Sportartikel

Die Fashion-Branche ist einerseits geprägt von schnell wechselnden Sortimenten, saisonalen Artikeln und sich ständig entwickelnden Trends. Andererseits liegen der Einkauf der Ware und der Verkauf im Geschäft zeitlich weit auseinander. Zusätzlich führt die hohe Marktdichte zu einer enormen Volatilität des Marktes. Diese Faktoren erfordern eine ständige Preisoptimierung durch die Modehändler, insbesondere ein intelligentes Markdown Pricing (bzw. Abschriftenoptimierung), um Margen- und Gewinnverluste zu vermeiden.

Abschriften sind in der Handelsbranche Verluste durch nicht mehr verkaufbarer Waren, z. B. durch Verderb, Bruch oder Modellwechsel u. v. m. Händler versuchen durch Preisnachlässe für saisonale Waren zum Auslaufen der Saison den Abverkauf zu fördern und das Lager für die neue Waren frei zu bekommen (Beispiele: Sommerschlussverkauf, Auslaufen der Wintermode, Ende der Spargelzeit etc.) Abschriftenoptimierung bedeutet deshalb, die Preisnachlässe oder Verkaufsförderungen zeitlich und bezüglich ihrer Höhe zu optimieren, dass die

Händler möglichst geringe Abschläge auf die Marge und Gewinnverluste bei gleichzeitigem vollständigen Abverkauf der Ware erreichen.

Durch dynamische Preisberechnungen anstelle von starren Reduzierungen zum Saisonende können Margenverluste vermieden werden. Dynamische Berechnungen basieren auf der Preiselastizität und berücksichtigen das Wettbewerbsumfeld.

Das nachfolgende Beispiel eines deutschen Sportartikelhändlers zeigt auf, wie Händler durch intelligentes Markdown Pricing die Herausforderungen der Modebranche erfolgreich meistern. Der betreffende Sportartikelhändler verkauft in seinem Online-Shop sowie deutschlandweit in mehr als zehn Filialen Sportbekleidung und -schuhe, Sport-Equipment sowie Lifestyle-Produkte. Viele seiner Artikel zeichnen sich durch kurze Produktzyklen aus. Für diese Artikel erscheinen regelmäßig Nachfolgeartikel, zu deren Erscheinungstermin der Vorgängerartikel abverkauft sein sollte, um Verluste zu minimieren. Der Abverkauf der Artikel wird neben dem Preis durch weitere Produktattribute wie Marke, Größe und Warengruppe bestimmt. Die Preisoptimierung erfolgt pro Artikel, der sich in der Warengruppe Sportbekleidung durch die Kombination aus Product-ID und Größe definiert. Der Händler definiert dabei in seiner Preisstrategie eine feste Marge, die bei der Optimierung von Absatz, Umsatz und Ertrag einzuhalten ist. Die Preise sollen zweimal täglich automatisch berechnet werden. Wettbewerberpreise sollen in dem betreffenden Fall nicht in die Preisberechnung einfließen.

Die Herausforderung Der Händler steht vor der Aufgabe, die Preise für ein Sortiment von mehr als 300.000 Artikeln aus verschiedenen Warengruppen so zu gestalten, dass er:

- die verschiedenen Artikel bis zum Erscheinen des Nachfolgeartikels (bzw. Zielabverkaufsdatums) vorrätig hat,
- seinen Bestand jedoch zum Zielabverkaufsdatum auf null reduziert hat (Bestandsoptimierung)
- und gleichzeitig zu jedem Zeitpunkt den optimalen Ertrag beim Verkauf seiner Produkte erwirtschaftet.

Der Bestand ist dabei keine statische Größe, sondern verändert sich beispielsweise durch Retouren, die im Lager wieder verbucht werden. Zudem beeinflussen weitere Faktoren den Preis, u. a. Saisonverläufe, Wettbewerberpreise (wenn vorhanden und gewollt) oder Echtzeit-Daten.

Die Umsetzung Die KI-gestützte Pricing-Lösung prognostiziert im zu beschreibenden Anwendungsfall der Abschriftenoptimierung anhand des aktuellen und historischen Nachfrageverhaltens sowie des Lagerbestandes das exakte Abverkaufsdatum für jedes Produkt. Je nachdem wie stark die Prognose vom Zielabverkaufsdatum abweicht, passt der intelligente Pricing-Algorithmus den Preis vollautomatisch nach oben oder nach unten an. Wie groß diese Anpassung jeweils ist, leitet sich aus der Preisabsatzfunktion für jeden einzelnen Artikel ab. Die Pricing-Lösung reichert die Berechnung der Preisabsatzfunktion pro Artikel um weitere relevante Faktoren an, gegebenenfalls den Wettbewerberpreis, Artikeleigenschaften sowie aktuelle und historische Bewegungsdaten und Verkaufsdaten. Mittels komplexer mathematischer Verfahren ermitteln die intelligenten Algorithmen für jeden Artikel zu jeder beliebigen Zeit die angereicherte Absatzfunktion. Daraus berechnen sie den aktuell marktgerechten Preis für jeden Artikel. So sorgt die KI dafür, dass immer der je nach Strategie und Situation optimale Ertrag abgeschöpft wird.

In diesem Projekt erhält die Pricing-Lösung Artikelstammdaten, inklusive manuelle Änderungen oder Preisanpassungen, aus dem ERP-System (Enterprise Resource Planning) des Sportartikelhändlers und spielt nach jeder Preisberechnung Preisvorschläge dorthin zurück. Das Shop-System liefert der Pricing-Lösung Echtzeit-Verkaufsdaten wie Klicks, Warenkörbe und Käufe.

Das Ergebnis Die Automatisierung der Preissetzung reduzierte den manuellen Aufwand der verantwortlichen Mitarbeiter deutlich. Die frei gewordenen Ressourcen kann der Händler zukünftig für strategische Aufgaben nutzen. Die regelmäßige Preisberechnung auf der Basis vielfältiger Preisbildungsfaktoren führte zu einer Steigerung des Umsatzes um zehn Prozent. Der Händler erzielte durch intelligentes Markdown Pricing zwölf Prozent mehr Gewinn. Die in der Preisstrategie definierten Margenvorgaben wurden jederzeit eingehalten und sogar um ein Prozent gesteigert. Die dynamisch optimierten Preise werden im Online-Shop und den Filialen des Sportartikelhändlers angewendet.

Die Aktualität dieses Fallbeispiels wird zusätzlich dadurch unterstrichen, dass das Thema Markdown Pricing als Aufgabe des DATA-MINING-CUP 2018, einem international renommierten Wettbewerb für intelligente Datenanalyse- und Prognose ausgewählt wurde [82].

Umsetzung: Voraussetzungen für Künstliche Intelligenz im Handel

3

Wie bereits in den vorangegangenen Kapiteln beschrieben, kann vor allem die Handelsbranche von KI profitieren. Diese vielfältigen Möglichkeiten stellen aber nicht nur eine große Chance dar, sondern bringen auch zahlreiche Herausforderungen mit sich. Eine Untersuchung aus dem Jahr 2017 zum Status der Digitalisierung von allen deutschen Unternehmen [83] hat gezeigt, dass nur ein sehr geringer Anteil der befragten Unternehmen KI aktiv einsetzt. Lediglich zwei Prozent nutzen bereits KI, weitere knapp drei Prozent planen den Einsatz, der Rest erachtet es entweder als nicht sinnvoll bzw. hat sich noch nicht mit dem Thema befasst. Doch woher kommt diese Diskrepanz zwischen den potenziellen Möglichkeiten und dem eigentlichen Einsatz? Um KI-Projekte erfolgreich zu gestalten, sind zahlreiche Herausforderungen zu beachten. Dieses Kapitel soll Entscheider dabei unterstützen, relevante Einflussfaktoren für den KI-Einsatz im Unternehmen zu identifizieren.

Data Driven Culture notwendig Eine der wichtigsten Erkenntnisse der Digitalisierung liegt darin, dass KI-Projekte aus Business-Sicht gesteuert werden müssen. Ohne eine „Data Driven Culture", die den Aufbau der notwendigen Infrastruktur, das Fachwissen und die Integration in bestehende Prozesse und Systeme umfasst, ist KI nicht anwendbar [84]. Die Schaffung dieser Voraussetzungen ist zentrale Aufgabe des Managements. Erst wenn alle Stakeholder die neuen Möglichkeiten, aber auch Herausforderungen von KI kennen, kann diese ihren eigentlichen Nutzen zeigen. Wie in Abschn. 1.3 vorgestellt, kann durch dynamische Preisberechnung mithilfe von KI ein optimaler Preis bestimmt werden. Doch die Festlegung der Strategie ist zunächst Aufgabe des Managements. Nur wenn genau definiert ist, welche Ziele wie mit KI erreicht werden sollen, ist ein Einsatz sinnvoll. Den dadurch gewonnenen Freiraum kann das Management wiederum für seine eigentliche Aufgabe – das Treffen strategischer Entscheidungen – nutzen.

© Springer Fachmedien Wiesbaden GmbH, ein Teil von Springer Nature 2018

R. Gläß, *Künstliche Intelligenz im Handel 2 – Anwendungen,* essentials,

https://doi.org/10.1007/978-3-658-23926-8_3

Qualität der Daten – Datenstrategie Neben den organisatorischen Aspekten ist eine konsistente und übergeordnete Datenstrategie von zentraler Bedeutung. Egal welche KI-Lösungen betrachtet werden – z. B. Leonardo (SAP), Watson (IBM) oder Einstein (Salesforce) – alle sind von der Qualität und dem Umfang der bereitgestellten Daten abhängig. Ohne eine umfassende und gesamtheitliche Sicht auf die über alle Touchpoints hinweg generierten relevanten Daten wird der Einsatz von KI erschwert. Allerdings dürfen Unternehmen nicht den Fehler begehen KI-Projekte zu technisch zu betrachten. Die Verfügbarkeit von qualitativ hochwertigen und aufbereiteten Daten bringt nur dann einen Mehrwert, wenn ein Unternehmen einen dedizierten Anwendungsfall dafür hat, den es damit lösen will – die Daten sind nur ein Mittel zum Zweck: ohne konkreten Use-Case keinen Mehrwert.

Digitalisierungsgrad des Unternehmens Der Digitalisierungsgrad eines Unternehmens hat ebenfalls Einfluss auf die Fähigkeit KI-Projekte durchzuführen. Als Digitalisierung wird die Erbringung von Dienstleistungen durch Informations- und Kommunikationstechnologie sowie die entsprechende Anpassung von Geschäftsmodellen und Prozessen verstanden. Im Rahmen einer Untersuchung aus dem Jahr 2017 werden dabei zwei Ausprägungen unterschieden: Computerisierte Unternehmen verfügen über keine datengetriebenen Geschäftsmodelle und nutzen das Internet nur zur Unterstützung der eigenen Geschäftsprozesse. Digitalisierte Unternehmen hingegen bilden ihre Produkte und Prozesse nicht nur virtuell ab, sondern steuern und optimieren diese auch digital. Weiterhin verfügen sie im Gegensatz zu computerisierten Unternehmen über datengetriebene Geschäftsmodelle [85]. Ein hoher Digitalisierungsgrad erleichtert den Einsatz von KI, da eine ganzheitliche Datensicht mit analogen Prozessen und Datensilos in verschiedenen Abteilungen nur sehr schwer umzusetzen ist. Die Erreichung eines hohen Digitalisierungsgrades ist weiterhin mit einer realistischen Standort-Bestimmung und dem Erfassen der eigenen Möglichkeiten – aber auch der Schwächen – verbunden. Dies sind ebenfalls zentrale Elemente für den erfolgreichen Einsatz von KI. Nur wenn Entscheidungsträger sich über den Status Quo im Klaren sind und genau definieren, welche Ziele durch den Einsatz von KI realisiert werden sollen, kann ein solches Projekt Erfolg haben. Je stärker die Digitalisierung eines Unternehmens, desto bessere Voraussetzungen sind somit für den Einsatz einer KI-Lösung vorhanden.

Fachkräfte und externe Spezialisten Der Erfolg von KI steht und fällt mit dem zuständigen Fachpersonal. Nur mit entsprechend geschulten Experten kann der Einsatz gelingen. Für die Entscheidung, ob für diese Projekte interne oder externe Kräfte hinzugezogen werden, ist eine realistische Standort-Bestimmung notwendig. Identifiziert das Management KI als eines der Top-Themen der nächsten Jahre, kann der Aufbau einer internen Abteilung zielführend sein. Für das Sammeln erster Erfahrungen und die Durchführung von Pilot-Projekten ist aber wiederum der Einsatz von externen Spezialisten sinnvoll. Vorteile sind hier die Nutzung von bestehenden Best Practices und eine bessere Kostenkontrolle. Aber auch für größere Unternehmen, die KI als zentrales Element ihrer Strategie einplanen, ist der Einsatz von externen Kräften zu empfehlen. Dadurch können erste Pilot-Projekte erfolgreich umgesetzt werden, während gleichzeitig die eigenen Mitarbeiter von diesem Wissen profitieren.

Mit Pilotprojekten starten So vielfältig wie die Anwendungsfelder von KI im Handel sind auch die möglichen Touchpoints, die digitalisiert werden können. Diese reichen von elektronischen Preisschildern über intelligentes Check-Out-Couponing bis hin zu interaktiven Spiegeln [86]. Eine Software zur Vernetzung von Filialen, die automatisch fehlende Produkte und Lieferengpässe erkennt und koordinierend eingreift, ist ebenfalls denkbar. Von zentraler Bedeutung ist auch hier eine initiale und realistische Zieldefinition. Durch Fokussierung auf Pilot-Projekte können die Investitionskosten minimiert und ein besserer Return on Investment (ROI) erreicht werden [87].

Handlungsempfehlungen KI ist einer der treibenden Faktoren für die Weiterentwicklung von Unternehmen und wird in den kommenden Jahren auch weiterhin an Relevanz gewinnen. Doch mit dem Einsatz von KI sind nicht nur Chancen, sondern auch Herausforderungen verbunden. Für eine erfolgreiche Umsetzung empfiehlt es sich daher verschiedene Handlungsempfehlungen zu berücksichtigen:

1. KI-Projekte können nicht von isolierten Teams durchgeführt werden, sondern nur gemeinsam – das Management ist gefordert eine Kultur zu schaffen, die diese Werte vermittelt.
2. Der konkrete Anwendungsfall bestimmt die dafür notwendigen Daten, Prozesse und Verfahren – nicht umgekehrt.
3. Vor Projektbeginn ist eine realistische und ehrliche Einschätzung des Status Quo durchführen, um daraus sinnvolle Ziele – auch im Hinblick auf die Wirtschaftlichkeit – abzuleiten.

4. Der interne Kompetenzaufbau sollte mit gleichzeitiger Nutzung des Experten-
   wissens von Best-of-Breed-Anbietern einhergehen. Best-of-Breed-Anbieter
   verlassen sich nicht auf Standardlösungen, sondern versuchen die jeweils beste
   verfügbare Hardware oder Software für die Lösung ihres Problems zu nutzen
   [88].
5. Für den Einstieg sollte nicht direkt die vollumfassende KI-Lösung angestrebt
   werden, sondern der Fokus sollte auf kleine (Teil-)Projekte gelegt werden, um
   Quick Wins zu erzielen.

Zusammenfassung und Fazit

4

Der Einsatz von KI im Handel erlebt derzeit einen ungeheuren Schub und fast täglich wird über neue Anwendungen oder Möglichkeiten berichtet. Die Treiber dafür sind auf der einen Seite verfügbare und immer kostengünstigere Technologien, der naturgemäß hohe Digitalisierungsgrad im E-Commerce-Bereich und das starke Wachstum technologiebasierter Handelsplattformen. Dazu kommen zahlreiche Startups, die mit neuen oder bereits verfügbaren KI-Frameworks an innovativen Lösungen arbeiten. Zu diesen Wachstumstreibern kommen auf der anderen Seite die Erwartungen der Konsumenten hinsichtlich Personalisierung und Individualisierung hinzu. Wohl zu keiner Zeit haben die Kunden des Handels dessen Entwicklung in einem so starken Maße beeinflusst und getrieben, wie seit dem Aufkommen von Internet und Smartphone. Behindert oder erschwert wird der Siegeszug von Künstlicher Intelligenz zurzeit vor allem von ungeklärten oder stark regulierten Vorgaben der Gesetzgeber in den Bereichen Haftung sowie Daten- und Verbraucherschutz. Auch das Fehlen von gut ausgebildeten Experten für diesen neuen Bereich ist als Hemmnis für eine noch schnellere Entwicklung zu benennen.

Ein Treiber für den Einsatz von KI ist der E-Commerce. Denn im Internethandel konnte sich KI früh etablieren, auch weil hier besonders gute Bedingungen für ihren Einsatz vorliegen. So werden nicht nur bei den großen E-Commerce-Plattformen Kaufempfehlungen oder Werbebotschaften schon länger durch lernende Systeme automatisiert generiert und KI-basierte Chatbots und Assistenten kommunizieren mit den Kunden. Aber auch der stationäre Handel steht nicht bei Null, was den Einsatz von KI betrifft. So werden KI-basierte Lösungen schon heute zur Verbesserung der Bedarfsplanung eingesetzt, um Lieferketten effizienter zu machen und Lagerbestand Lieferzeiten sowie Retourenquoten zu optimieren. Daneben erlebt die Branche den Durchbruch von Robotern und vollautomatisierten

© Springer Fachmedien Wiesbaden GmbH, ein Teil von Springer Nature 2018
R. Gläß, *Künstliche Intelligenz im Handel 2 – Anwendungen,* essentials,
https://doi.org/10.1007/978-3-658-23926-8_4

Lägern. In Bezug auf die Kundenbeziehung ruhen die größten Hoffnungen auf dem Einsatz von KI vor allem in den Anwendungsgebieten Dynamic Pricing und Personalisierung.

Eine Voraussetzung für erfolgreichen Handel ist immer die Vorhersage der Nachfrage. Es ist bereits jetzt ersichtlich, dass gerade in diesem erfolgs- und überlebenswichtigen Wertschöpfungsprozess die Optimierungsmöglichkeiten durch den Einsatz KI besonders vielfältig sind. Dabei liegt der Mehrwert in diesem Bereich in der deutlich genaueren Vorhersage, wie viel und wann von welchem Artikel, in welchem Store verkauft wird. Im Gegensatz zum klassischen Einsatz von Business Intelligence beruhen die Ergebnisse aber nicht auf Daten aus der Vergangenheit, sondern beziehen das aktuelle Verbraucherverhalten und zahlreiche Umweltfaktoren in Echtzeit mit ein. Denn nur sofort verfügbare Ergebnisse, die auf der aktuellen Situation beruhen werden letztendlich der hohen Dynamik der heutigen Märkte gerecht.

Ein Beispiel dafür ist die KI-basierte Abverkaufsprognose für Frischeprodukte in einem individuellen Supermarkt vor einem Feiertag. Dabei wird der selbstlernende Algorithmus permanent mit Daten aus regionalen Wetterprognosen, alternativen Veranstaltungen, Angeboten der Wettbewerber am Ort, Erfahrungswerten der Kunden im Einzugsgebiet und vielem mehr gefüttert. An die Stelle von Erfahrung und Bauchgefühl des Marktbetreibers tritt ein intelligentes Assistenzsystem, das gewaltige Datenmengen zur Entscheidungsfindung heranziehen kann und kontinuierlich aus den Ergebnissen lernt. Für die Verbraucher resultiert daraus eine optimale Warenverfügbarkeit und für den Händler die Vermeidung von Überangeboten sowie Verlusten durch verdorbene Ware.

Ein anderer prädestinierter Bereich für den Einsatz von KI ist die Preisfestsetzung, das Pricing. Dynamisches Pricing bedeutet dabei die laufende Anpassung des Preises an die Marktsituation und die Steuerung des Absatzes für bestimmte Produkte über den Preis. In dem Moment, in dem es um die schnelle Anpassung einer großen Anzahl von Preisen in kurzen Abständen geht, wird KI in Zukunft unverzichtbar werden. Denn wenn im Zusammenhang mit elektronischen Regaletiketten die Anpassung tausender Artikelpreise, mitunter mehrmals am Tag durchgeführt werden soll, ist dies nur noch automatisiert möglich. Die Beispiele aus dem E-Commerce-Bereich zeigen bereits jetzt wie sich Zielgrößen wie Umsatz, Deckungsbeitrag oder der Abverkauf bestimmter Produkte optimal steuern lassen. Da die Anzahl relevanter Einflussfaktoren auf den Preis hoch ist, werden schnelle und richtige manuelle Reaktionen immer schwerer, während KI-basierte Lösungen für diese Aufgabe bereits heute zur Verfügung stehen und bessere Ergebnisse erzielen.

Es ist absehbar, dass die gesprochene Sprache in Zukunft wieder einen stärkeren Raum gegenüber der manuellen Eingabe von Zeichen und Buchstaben erlangen. So gelingt es Chatbots, die auf Künstlicher Intelligenz basieren, immer besser die Denk- und Verhaltensweise eines Menschen nachahmen. Dabei können diese Chatbots sowohl sprach- als auch textorientiert arbeiten. Der Vorteil von Künstlicher Intelligenz ist hier, dass die Lernfähigkeit des Algorithmus zu einem kontextuellen Verständnis der Maschine über Dialog und Situation führen kann. In welchem Maße sich Chatbots etablieren werden und in wie weit sie den menschlichen Dialog ersetzen können, ist noch offen, auch wenn Alexa, Siri und Co. rasante Fortschritt machen und eine immer größere Verbreitung bekommen. Dennoch scheint es gegenwärtig, dass es eine Arbeitsteilung zwischen Maschine und Mensch geben wird. Eher einfache, vielleicht auch lästige Routinedialoge werden Chatbots übernehmen, während anspruchsvolle, komplexe Dialoge noch auf lange Sicht eine Domäne des Menschen bleiben werden.

Was Sie aus diesem *essential* mitnehmen können

- Funktionsmechanismen für die Erstellung von KI-basierten Prognosen im Handel: Einflussfaktoren und Nachfragesituation als Input-Daten für den Algorithmus, der die Prognosen errechnet.
- Konkrete Beschreibung wie Dynamic Pricing (dynamische Preisanpassung) funktioniert.
- Praxisbeispiele Just-Walkout-Store Amazon, Walmarts Botbrigaden, Kundennutzen und Effizienz OTTO, Markdown Pricing bei Sportartikelhersteller.
- Konkrete Handlungsempfehlungen zur Umsetzung und Einführung von KI in Unternehmen.

© Springer Fachmedien Wiesbaden GmbH, ein Teil von Springer Nature 2018   41
R. Gläß, *Künstliche Intelligenz im Handel 2 – Anwendungen,* essentials,
https://doi.org/10.1007/978-3-658-23926-8

Literatur

1. Gläß R (2018) KI im Handel 1 – Überblick. Digitale Komplexität managen und Entscheidungen unterstützen. Springer, Heidelberg
2. Gläß R, Leukert B, Hrsg. (2016) Handel 4.0. Die Digitalisierung des Handels. Strategien, Technologien, Transformation. Springer, Heidelberg
3. Bauer H, Breunig M, Richter G, Wee D, Wüllenweber J, Klein H (2017) Smartening up with Artificial Intelligence (AI) – What's in it for Germany and its Industrial Sector? https://www.mckinsey.com/~/media/McKinsey/Industries/Semiconductors/Our%20 Insights/Smartening%20up%20with%20artificial%20intelligence/Smartening-up-with-artificial-intelligence.ashx. Zugegriffen: 11. Oktober 2018
4. Rosenmann V (2017) 3 ways AI is already impacting ecommerce. https://venturebeat.com/2017/06/19/3-ways-ai-is-already-impacting-ecommerce/. Zugegriffen: 11. Oktober 2018
5. Ulanoff L (2014) Amazon Knows What You Want Before You Buy It. https://mashable.com/2014/01/21/amazon-anticipatory-shipping-patent/?europe=true#cKEt-J7kN9iqV. Zugegriffen: 11. Oktober 2018
6. Sharma A (2016) How Predictive AI Will Change Shopping. https://hbr.org/2016/11/how-predictive-ai-will-change-shopping. Zugegriffen: 11. Oktober 2018
7. McKendrick J (2017) Walmart's Gigantic Private Cloud for Real-Time Inventory Control. https://www.rtinsights.com/walmart-cloud-inventory-management-real-time-data/. Zugegriffen: 11. Oktober 2018
8. Boyd C (2017) 5 businesses using AI to predict the future and profit. https://www.clickz.com/5-businesses-using-ai-to-predict-the-future-and-profit/112336/. Zugegriffen: 11. Oktober 2018
9. https://www.similarweb.com/website/ruelala.com
10. SKU (stock keeping unit): Maßeinheit, bekannt in der Handelsbranche. Sie misst die Anzahl von lieferbaren Warentypen
11. Ferreira KJ, Lee BHA, Simchi-Levi D (2015) Analytics for an Online Retailer: Demand Forecasting and Price Optimization. https://www.hbs.edu/faculty/Publication%20Files/kris%20Analytics%20for%20an%20Online%20Retailer_6ef5f3e6-48e7-4923-a2d4-607d3a3d943c.pdf. Zugegriffen: 11. Oktober 2018

© Springer Fachmedien Wiesbaden GmbH, ein Teil von Springer Nature 2018   43
R. Gläß, *Künstliche Intelligenz im Handel 2 – Anwendungen,* essentials,
https://doi.org/10.1007/978-3-658-23926-8

12. Farahani DS, Momeni M, Amiri NS (2016) Car Sales Forecasting Using Artificial Neural Networks and Analytical Hierarchy Process (Case Study Kia and Hyundai Incorporations in the USA). In DATA ANALYTICS 2016 The Fifth International Conference on Data Analytics, Venice. http://thinkmind.org/download_full.php?instance=DATA-+ANALYTICS+2016. Zugegriffen: 11. Oktober 2018

13. Gorman B (2017) A Machine Learning Approach to Inventory Demand Forecasting. https://gormanalysis.com/a-machine-learning-approach-to-inventory-demand-forecasting/. Zugegriffen: 11. Oktober 2018

14. Barchiesi D (2017) Next-generation supply & demand forecasting: How machine learning is helping retailers to save millions. https://www.retailtechnologyreview.com/articles/2017/11/28/next-generation-supply-and-demand-forecasting-how-machine-learning-is-helping/. Zugegriffen: 11. Oktober 2018

15. Uçar, M (2017) Experten Interview: Künstliche Intelligenz im Handel – Gegenwart oder Zukunft? Interview mit Dr. Dominique Ziegelmayer – Director Enterprise Platform bei Trusted Enterprise. https://business.trustedshops.de/blog/k%C3%BCnstliche-intelligenz-im-handel/. Zugegriffen: 11. Oktober 2018

16. Seward C (2015) Optimizing Warehouse Operations with Machine Learning on GPUs. https://devblogs.nvidia.com/optimizing-warehouse-operations-machine-learning-gpus/. Zugegriffen: 11. Oktober 2018

17. Reiser C (2018) Machine Learning in Today's Warehouse Management Systems (WMS). https://logisticsviewpoints.com/2018/04/04/machine-learning-warehouse-management-wms/. Zugegriffen: 11. Oktober 2018

18. Logistik KnowHow.com (2013) Ware-zum-Mann-Kommissionierung. https://logistikknowhow.com/ware-zum-mann-kommissionierung/. Zugegriffen: 11. Oktober 2018

19. Kückelhaus M, Huber A (2016) Robotics in Logistics: A DPDHL perspective on implications and use cases for the logistics industry. https://www.robotics4retail.de/fileadmin/user_upload/dhl_trendreport_robotics.pdf. Zugegriffen: 11. Oktober 2018

20. Wingfield N (2017) As Amazon Pushes Forward With Robots, Workers Find New Roles. The New York Times. https://www.nytimes.com/2017/09/10/technology/amazon-robots-workers.html. Zugegriffen: 11. Oktober 2018

21. Warehouse & Logistics News (2017) Swisslog's carrypick: DB Schenker Logistics – The e-commerce race. http://warehousenews.co.uk/2017/02/swisslogs-carrypick-db-schenker-logistics-the-e-commerce-race/. Zugegriffen: 11. Oktober 2018

22. Reiferscheid B (2017) Mehr Ware auf weniger Fläche. Retail Technology. https://www.retailtechnology.de/supply-chain/detail/Controller/Article/mehr-ware-auf-weniger-flaeche.html. Zugegriffen: 11. Oktober 2018

23. Materialhandling.ch (2015) Weltweit erste vollautomatisierte Tiefkühlanlage. http://www.materialhandling.ch/archiv/2015/1/weltweit-erste-vollautomatisierte-tiefka-1-4-hlanlage_41349/. Zugegriffen: 11. Oktober 2018

24. Reiff I. (2018) Lidl baut sein erstes vollautomatisiertes Lager. https://www.cebit.de/de/news-trends/news/lidl-baut-sein-erstes-vollautomatisiertes-lager-25730. Zugegriffen: 11. Oktober 2018

25. Lore M (2017) Serving Customers in New Ways: Walmart Begins Testing Associate Delivery. https://blog.walmart.com/innovation/20170601/serving-customers-in-new-ways-walmart-begins-testing-associate-delivery. Zugegriffen: 11. Oktober 2018

26. Marr B (2017) How Walmart Is Using Machine Learning AI, IoT And Big Data To Boost Retail Performance. https://www.huffingtonpost.com/entry/how-walmart-is-using-machine-learning-ai-iot-and-big_us_59ca1f20e4b08d6615504590. Zugegriffen: 11. Oktober 2018

27. Heathman A (2018) Amazon-style drone deliveries could be launched within the next year. https://www.standard.co.uk/tech/amazon-drone-deliveries-next-year-a3782276.html. Zugegriffen: 11. Oktober 2018

28. Amazon (2018) Amazon Prime Air. https://www.amazon.com/Amazon-Prime-Air/b?ie=UTF8&node=8037720011. Zugegriffen: 11. Oktober 2018

29. Metoda (2017) Repricing-Barometer: Preisaktivität steigt im April um fast ein Viertel. http://blog.metoda.com/repricing-barometer_04_17. Zugegriffen: 28. April 2018

30. bevh (2017) Die Wirtschaftslage im deutschen Interaktiven Handel B2C 2016/2017. https://www.boniversum.de/wp-content/uploads/2017/07/Boniversum_bevh_B2C-Trendauswertung_2016-17.pdf. Zugegriffen: 28. April 2018

31. Schuler B (2016) Pricing-Software: Dynamic Pricing vs. Repricing und andere Tools. https://prudsys.de/pricing-software-dynamic-pricing-vs-repricing-und-andere-tools. Zugegriffen: 30. April 2018

32. Clausen G, Simon H, Tacke G (2018) Dynamisches Pricing. Gabler Wirtschaftslexikon. https://wirtschaftslexikon.gabler.de/definition/dynamisches-pricing-53646/version-276718. Zugegriffen: 29. April 2018

33. Rouse M (2015) Dynamic Pricing. https://whatis.techtarget.com/definition/dynamic-pricing. Zugegriffen: 29. April 2018

34. Rafi M (2017) The Art of Pricing. How to Find the Hidden Profits to Grow Your Business, 2. Aufl., Charles River Business, Wilmington

35. Hermann S, Fassnacht M (2017) Preismanagement. Strategie – Analyse – Entscheidung – Umsetzung. 4. Vollständig überarbeitete und erweiterte Aufl., Springer Gabler, Wiesbaden

36. Handelsblatt (2016) Dank „Dynamic Pricing". Mit Big Data zu mehr Umsatz. http://www.handelsblatt.com/adv/digitalatscale/dank-dynamic-pricing-mit-big-data-zu-mehr-umsatz/14677402.html. Zugegriffen: 27. April 2018

37. Walker T (2017) How much…? The rise of dynamic and personalized pricing. The Guardian.   https://www.theguardian.com/global/2017/nov/20/dynamic-personalised-pricing. Zugegriffen: 27. April 2018

38. Preißner M, Leyendecker C (2018) Mit Personalisierung zu höherer Conversion. IFH   Köln.   https://www.ifhkoeln.de/blog/details/mit-personalisierung-zu-hoeherer-conversion. Zugegriffen: 03. Mai 2018

39. Wolf K (2017) Künstliche Intelligenz: Von der Nischentechnologie zum Hype. https://prudsys.de/kuenstliche-intelligenz-von-der-nischentechnologie-zum-hype. Zugegriffen: 03. Mai 2018

40. Schuler B (2016) Dynamic Pricing im Handel, in: Leitfaden Digitale Transformation. Beispiele aus der Praxis, Torsten Schwarz (Hrsg.), marketing-BÖRSE, Waghäusel, S. 89–105

41. Lane A (2016) How Dynamic Pricing Is Revolutionizing Retail. https://channels.theinnovationenterprise.com/articles/how-dynamic-pricing-is-revolutionizing-retail. Zugegriffen: 15. Mai 2018

42. Engelhardt S (2017) Birgt dynamisches und personalisiertes Pricing rechtliche Gefahren für Handel Dienstleister? absatzwirtschaft. http://www.absatzwirtschaft. de/birgt-dynamisches-und-personalisiertes-pricing-rechtliche-probleme-fuer-handel-und-dienstleister-100941. Zugegriffen: 15. Mai 2018

43. Reinartz W et al. (2017) Preisdifferenzierung und -dispersion im Handel. in: Ausgewählte Schriften der IFH-Förderer, Band 6, Köln

44. Brewster M et al. (2018) From mall to mobile: Adjusting to new consumer habits. 2018 Global Consumer Insights Survey. PwC. https://www.pwc.com/gx/en/retail-consumer/assets/consumer-habits-global-consumer-insights-survey.pdf. Zugegriffen: 29. April 2018

45. Hamacher A (2017) The unpopular rise of self-checkout (and how to fix them). BBC Future. BBC Global News Ltd. http://www.bbc.com/future/story/20170509-the-unpopular-rise-of-self-checkouts-and-how-to-fix-them. Zugegriffen: 29. April 2018

46. IDTechEx Research (2005) Cost reduction in retailing & products using RFID. https://www.idtechex.com/research/articles/cost_reduction_in_retailing_and_products_using_rfid_00000205.asp. Zugegriffen: 29. April 2018

47. Gershgorn D (2017) The data that transformed AI research—and possibly the world. Quartz Media LLC. https://qz.com/1034972/the-data-that-changed-the-direction-of-ai-research-and-possibly-the-world/. Zugegriffen: 29. April 2018

48. Russakovsky O et al. (2015) ImageNet Large Scale Visual Recognition Challenge. International Journal of Computer Vision. Springer. https://doi.org/10.1007/s11263-015-0816-y

49. Day M (2018) Amazon Go cashierless convenience store opens to the public in Seattle. The Seattle Times. https://www.seattletimes.com/business/amazon/amazon-go-cashierless-convenience-store-opening-to-the-public/. Zugegriffen: 29. April 2018

50. Maras E (2018) Amazon happy with customer response to Go store but guarded about future plans. Retailcustomerexperience. Networld Media Group, LLC. https://www.retailcustomerexperience.com/articles/amazon-happy-with-customer-response-to-go-store-but-guarded-about-future-plans/. Zugegriffen: 29. April 2018

51. Winick E (2017) Walmart Is Unleashing Shelf-Scanning Robots to Peruse Its Aisles. The Download. MIT Technology Review. https://www.technologyreview.com/the-download/609225/walmart-is-unleashing-shelf-scanning-robots-to-peruse-its-aisles/. Zugegriffen: 29. April 2018

52. Winick E (2017) Walmart's bot brigade is about to hit the 2,000-mile mark. The Download. MIT Technology Review. https://www.technologyreview.com/the-download/610508/walmarts-bot-brigade-is-about-to-hit-the-2000-mile-mark/. Zugegriffen: 29. April 2018

53. Winick E (2017) Walmart's new robots are loved by staff—and ignored by customers. Business Impact. MIT Technology Review. https://www.technologyreview.com/s/609997/the-robots-patrolling-walmarts-aisles/. Zugegriffen: 29. April 2018

54. Lee JD, See KA (2004) Trust in Automation: Designing for Appropriate Reliance. In: Hum Factors. 2004 Spring; 46(1): 50–80. https://doi.org/10.1518/hfes.46.1.50_30392

55. ITWissen.info (2018) Chatbot. www.itwissen.info/Chatbot-chatbot.html. Zugegriffen: 11. Mai 2018

56. Lutter T (2108) Jeder Vierte will Chatbots nutzen. https://www.bitkom.org/Presse/Presseinformation/Jeder-Vierte-will-Chatbots-nutzen.html. Zugegriffen: 29. April 2018

57. Leibfried T, Weiand J (2018) Dentsu Aegis Network erforscht Kommunikation zwischen Mensch und Maschine. www.dentsuaegisnetwork.de/News/DentsuAegisNetworkNewsDetaila/2018/2018-02-21?Dentsu-Aegis-Network-erforscht-Kommunikation-zwischen-Mensch-und-Maschine. Zugegriffen: 11. Oktober 2018

58. Rondinella G (2018) Die Technologie ist noch längst nicht beim Verbraucher angekommen. https://www.horizont.net/tech/nachrichten/Chatbots-Die-Technologie-ist-noch-laengst-nicht-beim-Verbraucher-angekommen-164994. Zugegriffen: 11. Oktober 2018

59. Dreikauss T (2018) Künstliche Intelligenz als Produktivitätsfaktor. http://it4retailers.de/termine/ki-als-produktivitaetsfaktor. Zugegriffen: 11. Oktober 2018

60. Onlim (2018) Chatbots als digitale Kunden- und Serviceberater. https://onlim.com/chatbots-als-digitale-kunden-und-serviceberater. Zugegriffen: 11. Oktober 2018

61. Mottl J (2017) 2017 retail influencer: Amazon. Retailcustomerexperience. Networld Media Group, LLC. https://www.retailcustomerexperience.com/articles/2017-retail-influencer-amazon/. Zugegriffen: 29. April 2018

62. Correll N et. al. (2016) Analysis and Observations From the First Amazon Picking Challenge. IEEE Transactions on Automation Science and Engineering. IEEE. https://doi.org/10.1109/tase.2016.2600527

63. Day M (2018) Amazon Go cashierless convenience store opens to the public in Seattle. The Seattle Times. https://www.seattletimes.com/business/amazon/amazon-go-cashierless-convenience-store-opening-to-the-public/. Zugegriffen: 29. April 2018

64. He X (2017) Will Amazon Go win the war between computer vision and RFID in retail? https://www.idtechex.com/research/articles/will-amazon-go-win-the-war-between-computer-vision-and-rfid-in-retail-00010463.asp. Zugegriffen: 29. April 2018

65. Harwell D, Bhattarai A (2018) Inside Amazon Go: The camera-filled convenience store that watches you back. The Washington Post. WP Company, LLC. https://www.washingtonpost.com/news/business/wp/2018/01/22/inside-amazon-go-the-camera-filled-convenience-store-that-watches-you-back/. Zugegriffen: 29. April 2018

66. Winick E (2017) The Machines of Walmart Have Had a Banner Year. The Download. MIT Technology Review. https://www.technologyreview.com/the-download/609836/the-machines-of-walmart-have-had-a-banner-year/. Zugegriffen: 29. April 2018

67. Metz R (2017) Finally, a Useful Application for VR: Training Employees. Connectivity. MIT Technology Review. https://www.technologyreview.com/s/609473/finally-a-useful-application-for-vr-training-employees/. Zugegriffen: 29. April 2018

68. Bhattarai A (2017) Walmart looks to see if virtual shopping is better than the real thing. in: The Washington Post. WP Company, LLC. https://www.washingtonpost.com/news/business/wp/2017/10/19/walmart-looks-to-see-if-virtual-shopping-is-better-than-the-real-thing/. Zugegriffen: 29. April 2018

69. Bose N (2017) Wal-Mart's new robots scan shelves to restock items faster. Business News. Reuters. https://www.reuters.com/article/us-usa-walmart-robots-wal-marts-new-robots-scan-shelves-to-restock-items-faster-idUSKBN1CV1N4. Zugegriffen: 29. April 2018

70. Rushing J (2017) That's Smart: See the Tech Helping Us Serve You Better. Walmart Blog. https://blog.walmart.com/innovation/20171026/thats-smart-see-the-tech-helping-us-serve-you-better. Zugegriffen: 29. April 2018

71. Lore M (2017) Walmart, Google Partner to Make Shopping Even Easier – Here's How. Walmart Blog. https://blog.walmart.com/innovation/20170823/walmart-google-partner-to-make-shopping-even-easier-heres-how. Zugegriffen: 29. April 2018

72. Vanian J (2018) Why Walmart Is Testing Robots In Stores—and Here's What It Learned. Fortune. http://fortune.com/2018/03/26/walmart-robot-bossa-nova/. Zugegriffen: 29. April 2018

73. Winick E (2017) Walmart's new robots are loved by staff—and ignored by customers. Business Impact. MIT Technology Review. https://www.technologyreview.com/s/609997/the-robots-patrolling-walmarts-aisles/. Zugegriffen: 29. April 2018

74. Otto (GmbH & Co KG) (2018) OTTO: der größte deutsche Onlinehändler auf dem Weg zur Plattform. https://www.otto.de/unternehmen/de/unternehmen/index.php. Zugegriffen: 03. Mai 2018

75. Stüber E, Küppers J (2018) KI im Handel: Herausforderungen und Nutzen von künstlicher Intelligenz bei OTTO. IFH Köln. https://www.ifhkoeln.de/interview-olaf-schlueter-otto/. Zugegriffen: 30. Mai 2018

76. Otto (GmbH & Co KG) (2018) Kurz vor Zukunft. https://www.ottogroup.com/de/dossier/hallozukunft-interviews/Mensch-und-Maschine.php. Zugegriffen: 04. Mai 2018

77. Stüber E, Buschmann S, Groten S, Weinand AL (2017) Cross-Channel – Quo Vadis? IFH Köln

78. Otto (GmbH & Co KG) (2017) Künstliche Intelligenz: OTTO revolutioniert Produktbewertungen. https://www.otto.de/unternehmen/de/newsroom/news/2017/kuenstliche-Intelligenz-Produktbewertung.php. Zugegriffen: 04. Mai 2018

79. Göpfert Y (2018) Otto steigert mit KI das Shopping-Erlebnis. https://www.lead-digital.de/otto-steigert-mit-ki-das-shopping-erlebnis/. Zugegriffen: 03. Mai 2018

80. Blue Yonder GmbH (2018) KI im Einzelhandel: OTTO setzt auf innovative Technologie. https://blog.blue-yonder.com/de/ki-im-einzelhandel-otto-setzt-auf-innovative-technologie. Zugegriffen: 04. Mai 2018

81. Blue Yonder GmbH (2018) Replenishment und Price Optimization bei OTTO. Case Study. https://www.blue-yonder.com/sites/default/files/by-de-case-study-otto.pdf. Zugegriffen: 04. Mai 2018

82. Die Aufgabe steht unter www.data-mining-cup.com/dmc-2018/ mit dem Passwort DMC-3UTK*62&%z8{2018 zum Download bereit.

83. BMWi (2017) Monitoring-Report I Kompakt Wirtschaft DIGITAL 2017. Bundesministerium für Wirtschaft und Energie – Öffentlichkeitsarbeit, Berlin

84. Herrmann W (2018) Unternehmen gehen KI-Projekte zu technisch an. Computerwoche – Künstliche Intelligenz. https://www.computerwoche.de/a/unternehmen-gehen-ki-projekte-zu-technisch-an,3544478,3. Zugegriffen: 27. Mai 2018

85. vbw (2017) Neue Wertschöpfung durch Digitalisierung, Analyse und Handlungsempfehlungen. Zukunftsrat der Bayerischen Wirtschaft, München

86. Linge D (2018). Künstliche Intelligenz im LEH: Steigern Sie den Einkaufswert durch relevante Inhalte via Digital Signage. https://prudsys.de/kuenstliche-intelligenz-und-digital-signage-im-leh/. Zugegriffen: 27. April 2018

87. McKinsey&Company (2017). Künstliche Intelligenz wird zum Wachstumsmotor für deutsche Industrie. https://www.mckinsey.com/de/news/presse/kunstliche-intelligenz-wird-zum-wachstumsmotor-fur-deutsche-industrie. Zugegriffen: 04. Mai 2018

88. ITWissen.info (2013) Best-of-Breed. https://www.itwissen.info/Best-of-Breed-best-of-breed.html. Zugegriffen: 03. Mai 2018

89. Otto (GmbH & Co KG) (2018) Start-Up seit 1949 – OTTOs Vergangenheit. Und Zukunft. https://www.otto.de/unternehmen/de/unternehmen/chronik.php. Zugegriffen: 03. Mai 2018

Printed in the United States
By Bookmasters